# 10대를 위한
## 꿈의 멘토 26인

# 10대를 위한
# 꿈의 멘토 26인

김옥림 지음

미래문화사
MIRAE

# 잠재된 생각을 발동시켜
# 자기만의 길을 가라

———————— '사람은 생각하는 동물이다'라는 것은 누구나 다 아는 사실입니다. 이러한 생각의 힘을 끊임없이 키워 지금보다 나은 삶을 향해 나아가는 사람이 있는가 하면, 어떤 사람들은 어제와 다름없는 오늘을 살아갑니다. 이는 생각하지 않고 그날그날을 되는 대로 살아가기 때문입니다.

사람은 창의적인 동물이며, 창의는 생각하는 가운데 길러집니다. 생각하지 않고는 창의력도 기를 수 없는 것이지요. 이 세상에 존재하는 모든 것은, 그것이 문학이든, 예술이든, 과학이든, 발명품이든, 기업이든, 개인의 삶이든 생각을 발전시켜 오늘에 이른 것입니다.

생각하지 않으면 사는 대로 생각하게 되지만, 생각을 하면 생각하는 대로 살게 됩니다. 자신이 원하는 삶을 살고 싶다면, 치열하게 생각하고, 그 생각을 실천에 옮겨야 합니다. 이 평범한 진리를 알면서도 지키지 않는 것은 의지의 문제이지요. 생각을 실행하는 의지와 끈기가 없어 그런 것이니까요.

이에 대해 미국의 40대, 41대 대통령을 역임한 로널드 레이건은 다음과 같이 말했습니다.

"내 삶의 철학은 다음과 같다. 인생에서 이루고자 하는 생각을 해 결심을 굳히고, 그런 다음 그 목표를 향해 매진하면 결코 손해 보지 않는다. 어떻게든 성공하니까 말이다."

레이건의 말은 생각하고 그것을 실행하는 것이 얼마나 중요한지를 잘 알게 합니다.

이 책에는 생각의 전환으로 평범한 교사에서 최고의 자기계발 동기부여가가 된 데일 카네기와 단돈 5프랑을 들고 낯선 타국에서 세계 최대의 정유회사 로열 더치 쉘을 창업한 마커스 새뮤얼을 비롯해 아이스크림 왕 어바인 라빈스, 미국 최초의 흑인 대통령 버락 오바마, 세상을 바꾼 애플 창립자 스티브 잡스, 세계를 하나로 연결한 페이스북 창립자 마크 저커버그, 현대무용의 여제 이사도라 덩컨, 세계적인 포토그래퍼 사라 문, 세계적인 여성 건축가 자하 하디드 등이 어떻게 톡톡 튀는 생각들로 자기 분야에서 성공할 수 있었는지가 담겨 있습니다.

저마다 자신의 꿈에 접근해 가는 방식은 달랐지만, 이들의 생각을 분석하고 연구하면서, 놀라우리만치 공통되는 몇 가지 생각의 포인트가 있다는 것을 발견하게 되었습니다. 그것을 간단히 정리해 보면 다음과 같습니다.

하나, 자신의 계발을 위해 끊임없이 생각하고, 새로운 생각의 옷을 갈아입었습니다.

둘, 생각한 것은 망설임 없이 즉시 실행에 옮겼으며 미치도록 죽을 듯이 노력하였습니다.

셋, 성공의 에너지를 자신뿐 아니라 타인들을 위해 아낌없이 제공하였습니다.

넷, 실패를 두려워하지 않았으며, 그 실패까지도 긍정의 에너지로 기꺼이 받아들였습니다.

다섯, 언제나 긍정적으로 생각하고 능동적으로 행동하였으며, 부정적인 생각과 행동을 경계하였습니다.

나는 책을 쓰며 이들이 성공할 수밖에 없었던 이유를 뜨거운 가슴으로 느꼈고, 내가 느낀 소중한 생각을 진로를 고민하는 1020 세대에게 전해 주고 싶은 마음에 즐겁게 책 쓰기를 마칠 수 있었습니다.

이 책은 '생각의 힘'이 개인의 삶에 미치는 영향이 얼마나 막대한지를 보여 줍니다. 이 책을 읽고 나면 '나도 할 수 있다'는 생각이 들 것입니다. 당부하건대 순간적인 기분에 치우치지 말고 확실하게 가슴에 새겨 실천에 옮기기 바랍니다.

　이 책을 읽는 여러분이 자신이 원하는 것을 얻음으로써 행복한 길을 걸어가기를 진심으로 기원합니다.

김옥림

● 차례

# 생각을 바꾸면
# 꿈이 현실이 된다

# 긍정의 상상력으로
# 남과 다른 나를 만들다

Dale Carnegie

Irvine Robbins

Richard Branson

Mark Elliot Zuckerberg

Steven Paul Jobs

Barack Hussein Obama

Howard Schultz

John Fitzgerald Kennedy

Enrico Caruso

Bill Gates

Pablo Ruiz Picasso

Paulo Coelho

Marcus Samuel

Ernest Hemingway

Beatles

PART
1

# 생각을 바꾸면
# 꿈이 현실이 된다

Dreams
come true!

# 생각의 스위치를 전환시키다

## 데일 카네기 Dale Carnegie, 1888~1955

✳

미국 출생. 자기계발 전문가이자 강연자. 데일 카네기 연구소 설립.
대표 저서 《데일 카네기 인간관계론》, 《데일 카네기 자기 관리론》,
《데일 카네기 성공대화론》 외 다수.

───────── 자기계발과 처세술 분야의 대가이며 영원한 베
스트셀러 《데일 카네기 인간관계론》의 저자인 데일 카네기는 미
국의 수많은 자기계발 전문가 중에서도 독보적인 존재입니다.

그가 자기계발 전문가 중에서도 최고가 될 수 있었던 것은 많
은 미국인들은 물론 전 세계 사람들에게 인간관계의 중요성을 일
깨우고 능동적인 삶을 살아가는 데 막대한 영향을 끼쳤기 때문이
지요. 그의 책 《데일 카네기 인간관계론》은 전 세계 여러 나라에
서 번역 출간되었을 뿐 아니라 초판이 나온 1936년 이래 아직까
지도 사랑받는 초베스트셀러입니다.

이렇듯 데일 카네기가 국적을 불문하고 시공과 계층을 초월해 '성공의 멘토'기 될 수 있었던 것은 인간의 삶을 긍정적이고 능동적으로 변화시키는 탁월한 자기계발 전문가였기 때문입니다. 그의 책과 강연을 접하고 그 가르침대로 실천한 끝에 성공한 사람들은 버락 오바마와 워런 버핏을 비롯해 그 수를 헤아리지 못할 정도입니다.

## 새로운 나를 위해 발상을 전환하다

카네기가 처음부터 처세술의 대가였던 것은 아닙니다. 그 또한 평범한 사람에 불과했지요. 그는 워런스버그 주립 사범대학을 졸업하고 네브래스카에서 교사로 아이들을 가르쳤습니다. 하지만 그는 어느 날 교사를 그만두었습니다.

더 늦기 전에 무엇인가 새로운 것에 도전해 보고 싶었기 때문입니다. 가르치는 일도 보람 있지만 카네기는 그보다는 좀 더 많은 사람들에게 의미 있고 역동적이며 창의력 넘치는 일을 해보고 싶었던 것입니다.

그는 소설가를 꿈꾸며 2년 동안 열심히 작품을 썼으나 출판사로부터 작가로서 가능성이 없다는 말을 듣고 작가의 길을 포기했습니다. 그러고 나서 지금 내가 무엇을 해야 가장 잘할 수 있을지를 생각하고 또 생각했지요. 그리고 마침내 그는 결심을 했습니다.

카네기는 자기만의 강연 콘텐츠를 짜고, 거기에 맞는 프로그램을 직접 연구·개발하는 데 몰입했습니다. 그리고 자기만의 철학과 사상이 담긴 자기계발 및 인간관계 향상을 위한 처세술 전략을 완성했답니다.

카네기는 자기의 생각을 사람들에게 전하기 위한 방법으로 대학에서 특강을 계획하고 대학의 문을 두드렸습니다.

"이 대학에서 강의를 하도록 허락해 주시겠습니까?"

"무엇을 강의할 것인지 말해 보십시오."

그는 자신의 강의 계획에 대해 소상하게 말했지만, 대학의 담당자는 허락할 수 없다고 했습니다. 그 이유는 간단했습니다. 무엇 하나 뚜렷한 결과물이 없어 안 된다는 것이었지요.

그는 포기하지 않고 여러 대학에 문을 두드렸습니다. 하지만 결과는 모두 같았습니다. 평범하고 보잘것없는 그에게 강단을 제공하겠다는 대학은 어디에도 없었습니다.

하지만 그는 실망하지 않고 대안을 찾았고, YMCA측에 성인 대상의 강연을 열 것을 제의했습니다. 그는 수강생 수에 따라 수강료를 YMCA와 나누자고 제안했고, 이에 손해 볼 게 없다고 판단한 YMCA측은 그의 제안을 받아들였지요.

마침내 그는 자신의 꿈의 프로젝트인 '인간관계를 위한 대화와 스피치'에 대한 강연을 시작했습니다.

그가 계획한 강의는 당시로서는 블루오션(현재 존재하지 않거나 알려져 있지 않아 경쟁자가 없는 유망한 시장)과도 같았지요. 자신의 삶이 새롭게 변화하기를 꿈꾸던 사람들에게 그의 강연은 매우 획기적인 것이었습니다.

카네기의 강연을 들은 사람들은 열광했고, 그 명성은 입소문을 타고 확산되었습니다. 그러자 여기저기서 많은 사람들이 그의 강연을 듣기 위해 몰려들었습니다. 카네기 자신도 예상하지 못한 결과였지요.

이에 용기를 얻은 그는 데일 카네기 연구소를 설립하고 '인간 경영과 자기계발' 강좌를 개설하였습니다. 그 후 미국, 캐나다를 비롯해 많은 나라에 '데일 카네기 연구소'가 설립되었습니다. 놀라운 일이었습니다.

그는 자신에게 강의를 듣고 감동한 출판사 사장의 제의로 그동안 강의한 원고를 모아 책으로 출간하였습니다. 이 책은 돌풍을 불러일으키며 많은 독자의 사랑을 받았고, 초판이 나온 시 90년이 지났지만 지금도 꾸준히 팔리고 있습니다. 이 책이 바로 《데일 카네기 인간관계론》입니다.

# 새로운 생각은
# 긍정의 마음에서 온다

부정적인 마인드에서는 절대로 새로운 생각이 나올 수 없습니다. 왜냐하면 부정적인 생각은 할 수 있는 것도 하지 못하게 만드는 나쁜 생각이기 때문입니다.

하지만 긍정적인 생각은 불가능도 가능하게 만듭니다. 착한 생각인 긍정적인 마인드는 긍정의 에너지를 끊임없이 샘솟게 합니다. 그래서 잠시도 가만히 있질 못하게 하지요. 언제나 새로 시작하라고 마음으로부터 다그치니까요.

카네기가 자신의 생각을 실현시킬 수 있었던 성공 요인은 무엇일까요? 그가 지닌 환경 조건은 아주 열악했지만, 내면의 조건은 매우 긍정적이었습니다. 하지만 아무리 내면의 조건이 잘 갖춰져 있다 한들 실천하지 않으면 아무것도 할 수 없습니다.

그런데 카네기는 실천 능력이 뛰어난 사람이었습니다. 그의 좋은 내면의 조건은 실천 능력을 통해 빛을 발한 것입니다.

"행동은 말보다 힘이 세다."

이는 데일 카네기가 한 말로, 행동 즉 실천이 얼마나 중요한지를 잘 알게 합니다. 게다가 잠재되어 있는 능력이 아무리 뛰어나다고 해도 그것을 그대로 묵히면 쓰레기처럼 아무 짝에도 쓸모가 없게 됩니다.

카네기가 교사를 그만두고 소설가의 길을 포기한 것은 그의 잠재된 능력을 이끌어 내는 데 있어 결정적인 역할을 했습니다. 만일 그가 교사를 계속하거나 가능성이 보이지 않는 소설가의 길을 고집했다면 어떻게 되었을까요? 그랬다면 인류 역사상 가장 뛰어난 자기계발 전문가는 되지 못했을 것입니다.

또한 그는 당시로서는 블루오션에 해당했던 성인 대상 강연에 도전했습니다. 아무도 하지 않은 일을 한다는 것은 사람들을 망설이게 하고, 긴장시키고, 두렵게 합니다. 그런데 카네기는 처음 가는 길이지만 망설이지 않았습니다. 망설임은 충분히 할 수 있는 일도 못 하게 만든다는 것을 잘 알고 있었기 때문이지요.

카네기는 꿈을 꼭 이루고 싶은 마음에 강연 제안을 받아주지 않는 대학은 포기하고 YMCA를 자신의 꿈을 펼치는 장으로 삼았습니다. 이렇듯 그의 성공은 남과 다른 길을 망설이지 않고 당당하게 걸어갔기 때문에 가능했던 것입니다.

 ## 역동적인 마인드를 꾸준히 가동시켜야 한다

"바이킹은 북풍이 창조했다."
"핸디캡은 재산이다."

데일 카네기

"마찰이 보석을 만드는 것처럼 시련이 사람다운 사람을 만든다."

"원수를 친구로 만들어라."

"다른 사람이 자기에게 흥미를 가지도록 하기 위해 2년간 노력하기보다 자기 자신이 먼저 솔선수범해서 2개월간 다른 사람에게 진정으로 흥미를 가진다면 더 많은 친구를 만들 수 있을 것이다."

이는 모두 카네기가 한 말입니다. 듣기만 해도 그가 얼마나 역동적인 마인드를 가진 사람인지 알 수 있을 것입니다. 그는 생각을 하면 즉시 실행에 옮기는 것은 물론, 앉아서 기다리는 법이 없었습니다.

많은 사람이 생각은 하면서도 자신의 생각대로 살지 못하는 것은 그 생각을 현실로 만드는 역동적인 마인드가 부족하기 때문입니다. 자신이 생각하는 것을 현실로 만들고 싶다면 역동적인 마인드를 꾸준히 길러야 합니다. 사람이 해서 안 되는 일은 없습니다. 다만 하지 않기 때문에 못 하는 것입니다.

미국의 기업가인 메리 케이 애시는 이렇게 말한 바 있습니다.

"열정을 불러일으키는 평범한 생각이 아무에게도 영감을 주지 못하는 훌륭한 생각보다 더 많은 것을 이루게 한다."

내게 열정을 불러일으키는 생각이 비록 평범하고 하찮게 여겨질지라도 계속 발전시켜 가야 합니다. 이런 생각들이 역동적인 마인드를 길러 주고, 자신이 하고자 하는 것을 실행할 수 있는 발판을 만들어 줄 것이기 때문입니다.

카네기는 어떻게 사는 것이 자신에게 부끄럽지 않게 잘 사는 것인시를 온몸으로 보여 준 실천가였습니다 카네기의 성공 요인은 세 가지입니다.

첫째, 블루오션에 도전해 사람들의 관심을 집중시켰습니다.
둘째, 생각한 것은 즉시 행동으로 옮겼습니다.
셋째, 실생활에서 경험한 것을 강연의 예로 들어 공감을 극대화했습니다.

여러분에게는 닮고 싶은 롤모델이 있나요? 지금 자신에게 인생의 모델이 되어 주는 사람이 있다면 큰 자산을 가진 것이나 다름없습니다.

내 인생을 성공적인 인생으로 만들고 싶다면, 데일 카네기를 인생의 모델로 삼아도 좋을 것입니다. 날마다 그의 목소리에 귀를 기울이고 그 가르침에 따라 행동하기 바랍니다. 그렇게 하다 보면 나도 모르는 사이 꿈꾸던 성공에 성큼 다가서 있는 자신의 모습을 발견하게 될 것입니다.

# 데일 카네기의 씽크 포인트

**1** 블루오션에 도전해 사람들의 관심을 집중시켰습니다.

**2** 생각한 것은 즉시 행동으로 옮겼습니다.

**3** 실생활에서 경험한 것을 강연의 예로 들어 공감을

극대화했습니다.

Dreams
come true!

# 꿈을 현실로 바꾸는
# 생각의 센서를 작동시키다

## 어바인 라빈스 Irvine Robbins, 1917~2008

米

미국 출생. 배스킨라빈스 창업자.
전 세계에 7,500여 개의 체인점을 둔 아이스크림계의 거부.

─────── 우리나라의 웬만한 도시엔 '배스킨라빈스' 아이
스크림 가게가 간판을 빛내며 서 있는 모습을 볼 수 있습니다. 갖
가지 맛과 향, 다양한 빛깔의 아이스크림은 어린이뿐만 아니라
성인들의 입맛까지 돋우지요.

처음 배스킨라빈스가 우리나라에 들어왔을 때 사람들의 반응
은 놀라움 그 자체였습니다. '아이스크림의 종류가 그처럼 다양
하다니' 하고 모두가 놀랐습니다.

이처럼 인기 있는 배스킨라빈스를 창업한 사람은 바로 어바인
라빈스입니다. 그는 평범한 젊은이였지만 매우 미래지향적이고

독창적인 인물이었지요. 새로운 것은 새로운 발상에서 오듯 그 역시 새로운 발상으로 자신을 새롭게 만든 인물입니다.

배스킨라빈스는 전 세계에 7,500개가 넘는 매장이 있습니다. 어바인 라빈스는 아이스크림 하나로 세계인의 입맛을 사로잡아 아이스크림 거부가 되었고요.

## 꿈을 현실로 바꾸는
## 생각의 센서를 작동하다

어바인 라빈스는 아주 평범한 20대였습니다. 그러나 그에겐 푸르게 빛나는 꿈이 있었지요. 그것은 자신만의 개성을 지닌 아이스크림을 만드는 것이었습니다.

언제나 이런 생각에 잠겨 있던 그는 군에 입대를 하였지요. 그는 군 생활을 하면서도 한시도 자신의 꿈을 잊은 적이 없었습니다. 그의 가슴 한가운데는 늘 푸른 꿈이 불타고 있었으니까요.

그는 군대에 있는 동안 자신의 꿈을 구체적으로 설계하였습니다. 그리고 그 꿈이 실현되기 시작한 것은 1945년 제2차 세계대전이 끝나고 나서였습니다. 그러니까 그가 군대에서 막 제대했을 때이지요.

당시에는 그 누구도 아이스크림만 파는 가게를 상상하지 못했

어바인 라빈스

습니다. 그런데 그는 아이스크림만 전문적으로 파는 가게를 내겠다는 자신의 계획을 밝혔습니다.

"라빈스, 네 생각은 좋지만 과연 아이스크림만 파는 가게가 될까?"

"라빈스, 아무리 생각해도 그건 무리야."

"오 맙소사, 어떻게 그런 생각을 할 수 있어. 그건 정신 나간 사람이나 할 수 있는 생각이야."

"지금이라도 늦지 않았어. 그만두는 게 어때?"

그가 아이스크림만 파는 가게를 낸다고 했을 때 그를 잘 아는 친구나 지인들은 하나같이 무모한 도전이라며 만류했습니다.

"다들 그렇게 생각하겠지. 하지만 나는 내 생각을 믿어. 두고 봐. 내 생각이 옳았다는 걸 두 눈으로 똑똑히 보게 될 거야."

그의 생각은 확고했고, 그는 분명 성공할 거라고 장담했습니다. 이렇듯 확고한 믿음을 가질 수 있었던 것은, 반드시 된다는 믿음과 실행의 의지가 있었기 때문입니다.

라빈스는 처남을 설득해 자신의 계획에 끌어들였고, 함께 아이스크림 연구에 돌입했습니다. 그는 단순한 것으로는 승부를 걸 수 없다고 판단했습니다.

그가 생각하는 아이스크림은 매우 다양했지요. 전혀 볼 수 없었던 다양한 아이스크림으로 승부를 걸 생각이었던 그는 낮이나 밤이나 아이스크림 개발에 매달렸습니다.

지성이면 감천이란 말처럼 그의 노력은 헛되지 않았지요. 그는 피나는 노력으로 무려 31가지의 맛을 내는 다양한 맛과 색깔을 지닌 아이스크림을 개발했습니다. 그리고 '나는 할 수 있다'는 그의 확신은 놀라운 결과를 가져다주었습니다.

라빈스의 가게는 그가 만든 아이스크림을 찾는 사람들로 북적였습니다. 그리고 소문을 듣고 찾아온 사람들이 아이스크림 가게를 낼 수 있는 사업권을 달라며 아우성이었습니다. 그는 꿈이 확고한 사람에게만 사업권을 내주었습니다. 지금으로 말하자면 체인점이었던 것이지요.

그의 톡톡 튀는 아이디어는 부와 명성을 안겨 주었지만, 그는 거기서 그치지 않았습니다. 자신의 꿈을 미국에만 한정하는 것으로는 만족할 수 없었던 것이지요. 그는 세계로 뻗어 나가려는 생각에 골몰하였습니다. 그리고 마침내 그의 미래를 환하게 밝혀 줄 프로젝트를 완성하였지요.

"우리 아이스크림은 세계인들의 입맛을 사로잡을 것입니다."

그는 많은 사람에게 자신의 꿈을 당당하게 밝혔습니다. 그러자 사람들은 "그게 과연 가능할까" 하는 쪽과 "라빈스라면 분명히 해낼 수 있을 거야"라는 쪽으로 갈라졌습니다.

아랑곳없이 라빈스는 자신의 계획대로 추진해 나갔습니다. 미국을 벗어나 전 세계에 자신의 꿈을 심기 시작했던 것이지요. 오래지 않아 놀라운 일이 벌어지기 시작했습니다. 세계 각국에서 체인점 요청이 쇄도했던 것입니다.

라빈스는 즐거운 비명을 지르며 자신의 꿈을 하나씩 하나씩 심어 나갔습니다. 그 결과 전 세계에 7,500개가 넘는 매장을 거느린 아이스크림 거부가 되었지요.

참으로 놀라운 일이었습니다. 자신이 계획한 꿈을 모두 이루었으니 말이지요. 라빈스는 훗날 자신의 성공 비결에 대해 묻는 사람들에게 이렇게 말했습니다.

"나는 정신 나간 일을 벌이고 싶었습니다. 그리고 나는 정신 나간 일을 모두 현실로 이루어 냈습니다."

이는 남과 똑같이 하지 않고 자신만의 것을 만들고 싶었다는 말입니다. 그리고 그는 그 말대로 정신 나간 일을 통해 꿈을 이뤄 냈습니다.

 ## 남과는 다른 자신만의 발상을 실행하다

어바인 라빈스가 많은 사람의 반대에도 불구하고 자신의 길을 갈 수 있었던 것은 시류를 좇지 않고 자신만의 발상을 실행에 옮겼기 때문입니다.

대개 사람들은 현재의 상황에 맞는, 누구나 가지는 보편적인 생각으로부터 벗어나지 않으려고 합니다. 왜냐하면 그것이 안전하기 때문입니다. 자칫 실패할 경우 모든 것을 잃게 된다는 생각에 보편적 상식에서 벗어나는 일은 잘 벌이지 않으려 하는 것이 보통이지요.

그러나 국내외적으로 볼 때 크게 성공한 사람들에겐 한 가지 뚜렷한 공통점이 있습니다. 대개의 사람들과는 다른 발상을 한다는 것입니다. 즉 가능성의 한계에 스스로 도전한다는 것이지요. 그들은 자신이 생각하는 것에 조그마한 가능성만 보이면 과감하게 시도합니다.

물론 이러한 발상도 위험성을 수반하기 마련이고, 자칫 실패할 확률 또한 큽니다. 하지만 그럼에도 그들은 그 길을 고집스럽게 걸어갑니다. 그리고 마침내 보란 듯이 엄청난 성공을 이끌어 냄으로써 자신의 선택이 옳았음을 증명해 냅니다.

이에 대해 영국의 SF 작가이자 미래학자인 아더 C. 클라크는 이렇게 말했습니다.

"가능성의 한계를 발견하는 유일한 방법은 그것을 뛰어넘어 불가능에 들어가 보는 것이다."

아더 C. 클라크의 말처럼 어바인 라빈스의 가능성을 향한 도전은 자신이 원하는 길을 선택하는 데 있어 큰 구심점이 되었습니다. 또한 라빈스가 흔들리지 않고 초지일관할 수 있었던 큰 힘이 되어 주었지요.

어바인 라빈스

그리고 어바인 라빈스는 미래를 보는 예리한 통찰력을 지니고 있었습니다. 앞을 내다보는 눈을 갖는다는 것은 자신의 꿈을 이루는 데 있어 나침반과 같은 역할을 합니다. 나침반이 가리키는 방향에 따라 배가 항해하듯 미래를 볼 줄 아는 눈은 성공의 길을 가는 데 있어 중요한 포인트가 되어 줍니다.

또한 라빈스는 성공한 자신의 모습을 상상하는 것을 즐겼습니다. 이러한 행동은 꿈을 실현시키는 데 있어 기폭제 역할을 합니다. 잠재의식으로 자리 잡아 수시로 성공한 모습을 떠올리게 함으로써 스스로에게 끊임없는 동기 부여를 해주기 때문입니다.

어바인 라빈스의 보편성을 좇지 않는 독자적인 발상은 상상 이상의 성공을 그에게 안겨 주었습니다.

## 실패에 대한 두려움을 과감하게 떨쳐 버리다

남들이 하지 않는 것을 할 때 가장 힘든 것은 실패에 대한 두려움입니다. 아무도 가지 않았던 길을 가는 사람은 불확실성에 대한 두려움이 클 수밖에 없습니다. 하지만 자신이 진정으로 원하는 것을 얻기 위해서는 그러한 두려움을 이겨 내야 합니다.

노만 V. 피일 박사는 이에 대해 다음과 같이 말했습니다.

"만일 패배의 마음을 갖고 있다면 그 마음을 뿌리 뽑아야 한다. 패배를 생각하면 패배하고, 승리와 성공을 생각하면 승리하고 성공하게 된다. 그러므로 패배를 믿지 않는 태도를 가져야 한다."

그렇습니다. 노만 V. 피일 박사의 말처럼 패배나 실패에 대한 두려움을 갖지 말아야 합니다.

당시 아이스크림만 전문으로 판매한다는 것은 매우 획기적인 아이디어였기 때문에, 어바인 라빈스 역시 실패에 두려움을 떨쳐 버리기 어려웠을 것입니다. 그러나 그는 그렇게 하지 않으면 안된다는 것을 누구보다도 잘 알았습니다. 그랬기에 그는 자신의 생각을 실행에 옮길 수 있었던 것이지요.

가끔 무모한 일을 벌이는 사람들을 보게 되는데, 무모한 도전을 성공으로 이끄는 이들의 공통점은 실패에 대한 두려움에서 스스로를 벗어나게 했다는 것입니다.

누구나 다 하는 생각을 해서는 남과 다른 길을 갈 수 없습니다. 좀 더 의미 있는 인생을 살고 싶다면 어바인 라빈스가 그러했듯이 무모한 일도 두려워하지 말고 적극적으로 실행에 옮기는 과단성을 지녀야 합니다.

과단성 있게 실행하는 자만이 원하는 것을 얻을 수 있다는 것을 잊지 마세요.

어바인 라빈스

# 어바인 라빈스의 **씽크 포인트**

✦

---
**1** 그는 앞서서 생각하고, 머릿속에 세밀한 그림을

그리고, 그것을 토대로 꾸준히 노력하였습니다.

---

---
**2** 미래를 내다보는 예리한 통찰력을 지녔습니다.

---

---
**3** 성공한 자신의 모습을 늘 상상했습니다.

---

---

---

Dreams
come true!

# 상상을 현실로 이끌어 내다

**리처드 브랜슨** Richard Charles Nicholas Branson, 1950~

영국 버진Virgin 그룹 CEO. 2000년 영국 여왕으로부터 기사 작위 받음.
2005년 영국 BBC가 선정한 지구촌을 이끌 베스트 11인에 선정됨.
영국인이 가장 좋아하는 기업 TOP3로 버진 그룹이 선정됨.
저서 《내가 상상하면 현실이 된다》 외 다수.

──────── 영국의 글로벌 대기업인 버진 그룹의 CEO 리처드 브랜슨은 21세기 최고의 창조적인 CEO라 불립니다.

그는 유럽의 저가 항공사인 버진 익스프레스와 호주의 저가 항공사인 버진 블루, 나이지리아의 버진 나이지리아 항공, 미국의 저가 항공사인 버진 아메리카를 설립하였습니다. 현재 버진 그룹은 30여 개국에 진출해 다양한 분야에서 열정적으로 사업을 경영하고 있습니다.

브랜슨은 자유분방하고, 파격적이며, 저돌적이면서 모험심이 강한 성격의 소유자이지요. 또 한편으로는 상상력이 뛰어나고 일을 즐거운 게임처럼 하는 낙천적인 면도 많습니다.

그리고 그는 가진 자로서의 사회적 책임에 대한 남다른 관심을 가지고 이를 실천에 옮기는 긍정적인 에너지를 가지고 있습니다. 한마디로 그를 평가한다면 입체적인 마인드를 가진 멀티형 인간이라고 할 수 있을 것입니다.

## 자유분방함 속에서 상상력을 이끌어 내다

브랜슨은 어린 시절부터 자신이 하고 싶은 일이 있으면 망설이지 않고 즉각 시행할 정도로 적극적이었습니다.

그는 열다섯 살 때 친구인 조니 젬스와 함께 학생을 대상으로 한 잡지 〈스튜던트〉를 창간하였지요. 가진 것은 열정과 아이디어뿐이었지만 그는 성공을 확신했습니다.

브랜슨은 취재 대상을 선별하고 수백 명의 유명 인사들에게 편지와 전화로 인터뷰를 시도하였습니다. 그들을 인터뷰 대상자로 끌어들인다면 잡지의 위상이 높아져 판매에 도움이 되리라는 생각에서였지요.

그의 열정과 노력이 통했던 것일까요? 실제로 프랑스의 살아 있는 지성 장 폴 사르트르, 소설가 제임스 볼드윈, 앨리스 워커를

리처드 브랜슨

비롯한 유명인들이 인터뷰에 응해 주었습니다. 덕분에 잡지는 폭발적으로 팔려 나갔지요.

또한 그는 잡지 운영비를 마련하기 위해 광고주를 모집하고, 친구들을 동원해 잡지를 파는 등 열다섯 살 소년이라고는 믿기지 않을 만큼 철저히 영민하고 계획적인 모습을 보여 줍니다.

리처드 브랜슨은 극심한 난독증으로 고등학교를 중퇴하고 본격적으로 잡지를 운영하며 자리를 잡아 나갔습니다. 그는 새로운 일을 모색하던 중 옥스퍼드 거리에 버진 음반가게를 차렸지요.

단순히 음반을 판매하는 곳이 아니라 학생들이 편히 음악을 들을 수 있는 공간으로 매장을 꾸몄습니다. 입소문 덕에 매장이 인기를 끌자 그는 한 단계 나아가 음반 제작에 나섰고 대박을 터뜨렸습니다.

그 후 버진 애틀랜틱 항공사를 설립하여 자리를 잡자, 그는 유럽의 저가 항공사인 버진 익스프레스와 호주의 저가 항공사인 버진 블루, 나이지리아의 버진 나이지리아 항공, 미국의 저가 항공사인 버진 아메리카를 설립하기에 이릅니다.

현재 버진 그룹은 30여 개 나라에 진출해 200여 개의 미디어, 모바일, 인터넷, 음료, 호텔, 레저, 여행, 라디오, 우주산업 등 다양한 분야에서 열정적으로 사업을 경영하고 있습니다.

그뿐이 아닙니다. 그는 열기구를 타고 태평양과 대서양을 횡단하는가 하면, 비행기 무착륙 세계 일주 비행을 하고, 우주여행에 도전하는 등 모험가로서의 삶도 즐기고 있습니다. 이러한 그의 행보는 사람들에게 무엇이든 할 수 있다는 도전 정신을 불러일으키고 있습니다.

또한 리처드 브랜슨은 지구온난화에 따른 환경문제에도 관심이 많아 엘 고어 전 미국 부통령을 비롯한 세계 환경운동가들과 적극 활동을 벌이고 있지요. 그리고 헐벗고 굶주리는 아프리카 사람들을 비롯해 제3세계 국가의 가난한 이들에게 의료품과 식량 및 구호물자를 후원하는 일에도 적극 가담하여 기업가로서의 사회적 책무를 다하고 있습니다.

이렇듯 브랜슨이 크게 성공할 수 있었던 비결은 자신이 생각한 것을 머뭇거리지 않고 '지금 당장 시작'한 데 있습니다. 이는 그가 한시도 생각을 멈추지 않고 무한도전을 하는 원동력이 되었지요.

## 일을 게임처럼 즐겁게 즐기며 하다

리처드 브랜슨은 일을 즐기며 하라고 강조합니다. 그러다 보면 새로운 아이디어가 자연스럽게 생성된다는 것이지요. 자신의 말을 증명하듯 그가 벌인 대부분의 사업은 일을 하는 가운데 또는

리처드 브랜슨

즐기는 가운데 아이템을 찾아낸 것들입니다.

브랜슨은 마케팅을 하는 데도 탁월한 재능을 보였습니다. 직접 여장을 하는가 하면 탱크를 몰고 뉴욕 중심가에 나타나는 등 한마디로 파격 그 이상이었지요.

그의 광고를 본 사람들은 그 기발함과 신선함에 열광히였습니다. CNN, BBC 등 세계 유수 언론의 집중 조명을 받는 등 그의 기발한 상상력은 예측을 불허할 만큼 저돌적이고 흥미롭습니다.

브랜슨은 한 사람이 지닐 수 있는 능력의 다양함과 한계가 과연 어느 정도인지를 의심케 하는 인물입니다. 이처럼 그는 남과 다른 삶의 철학을 가진 기업가이자, 언제나 현재와는 다른 것을 보려 하고 새로운 것을 시도하는 혁신가입니다.

영국인을 비롯해 세계 많은 사람의 찬사를 받으며 그는 지금 이 순간에도 상상력의 엔진을 힘차게 가동하고 있답니다.

## 생각한 것은
## 즉시 거침없이 실행하다

리처드 브랜슨은 타고난 끼와 열정으로 자신이 생각한 것을 거침없이 실행에 옮기는 군더더기 없는 아이디어맨입니다.

대부분의 기업가는 어떤 일을 시작하려면 사업을 구상하고 그에 따른 세부적인 계획을 세우느라 많은 시간을 보냅니다. 돌다리도 두들겨 가며 아주 조심스럽게 시도하지요. 그러다 보니 회사를 세우고 사업을 현실화하는 데 시간이 걸리게 마련입니다.

그런데 브랜슨은 이런 교과서적인 과정에서 벗어나 있는 인물입니다. 그는 자신이 생각한 것이 가능성이 있는 일이라 판단되면 곧바로 추진합니다. 이리 재고 저리 재고 뜸 들이는 것을 극도로 꺼립니다. 만약 문제가 있다면 추진해 나가면서 그때그때 최선을 다해 해결방법을 찾아 신속하게 해결하지요.

즉, 구상하고 세부적인 계획을 세우는 데 들어가는 시간을 최소화하는 것입니다. 시작도 전에 너무 힘을 소진하면 정작 일을 시작할 땐 에너지가 고갈되어 일의 효율성을 떨어뜨릴 수 있다는 것이지요.

물론 이러한 스타일에 동조하지 않는 기업가들도 있겠지만, 그의 성공에는 바로 이 점이 크게 작용했습니다. 이는 마케팅에도 그대로 적용되어서, 브랜슨은 가수나 배우 등 유명인을 모델로 쓰는 것에 지극히 회의적이었습니다.

그래서 그는 언제나 보통 사람들이 생각지 못하는 파격적인 행보를 일삼았습니다. 그리고 이 방법은 언제나 언론과 대중의 관심을 끌었고, 마케팅에도 100% 주효하게 작용했습니다.

리처드 브랜슨

# 리처드 브랜슨의 씽크 포인트

 자유 분방하고, 파격적이며, 저돌적이면서

모험심이 강합니다.

 상상력이 뛰어나고 일을 마치 즐거운 게임처럼

즐겼습니다.

 타고난 끼와 열정을 바탕으로 자신이 생각한 것을

거침없이 실행에 옮기는 담대함을 지녔습니다.

Dreams
come true!

# 생각의 힘으로 세상을 연결하다

**마크 저커버그** Mark Elliot Zuckerberg, 1984~

미국 뉴욕 출생. 프로그래머. 페이스북 공동설립자이자 대표.
메타Meta 회장이자 CEO.
타임지 선정 '올해의 인물'(2010년)

——————— 마크 저커버그는 포브스 선정(2021년 기준) 세계 억만장자 중 5위로 그의 재산은 무려 970억 달러에 이릅니다. 그는 2010년 타임지가 정한 '올해의 인물'로 선정되었으며, 포브스가 선정한 세계에서 가장 영향력 있는 인물 9위에 오르는 등 끝을 모르는 성공의 길을 질주 중입니다.

저커버그는 20대에 이미 세계적인 부호가 되었고, 페이스북이라는 엄청난 자산 가치를 지닌 회사의 CEO입니다. 그가 이렇게 될 수 있었던 것은 탁월한 상상력과 마인드를 지닌 덕분이지요. 저커버그는 날마다 자신의 꿈의 역사를 새로이 쓰며 더 큰 꿈을 향해 나아가고 있습니다.

젊은 니이에 마크 저커버그가 이처럼 크게 성공할 수 있었던 데는 그만의 '생각의 법칙'이 작용했습니다. 이를 나름대로 분석해 본다는 것은 1020세대 여러분에게 매우 유익한 일이 될 것입니다.

## 위대한 비전과
## 소통의 세계를 열다

저커버그는 미국 뉴욕에서 치과 의사인 아버지 에드워드와 정신과 의사인 어머니 캐런 사이에서 태어났습니다. 유대계 미국인인 그는 어린 시절 유대인의 교육을 받았지요. 저커버그는 중학생 시절에 프로그래밍을 시작했는데, 아버지로부터 아타리 베이직 프로그래밍 언어를 배웠습니다.

그는 이후 아버지의 주도로 소프트웨어 개발자인 데이비드 뉴먼으로부터 개인 지도를 받았습니다. 뉴먼은 저커버그를 신동이라며 감탄했습니다. 배운 지 얼마 안 돼 프로그래밍 기술을 모두 습득했을 뿐 아니라 다양한 프로그램을 만들어 냈으니까요. 그만큼 재능이 뛰어났던 것입니다.

그러나 재능이 뛰어나다고 해서 모두 다 성공하는 것은 아님

마크 저커버그

니다. 세계 역사를 볼 때 수많은 천재가 태어나고 세상을 떠났지만 자신의 이름을 남긴 이는 그리 많지 않습니다.

그러고 보면 자기 분야에서 세계 최고가 된다는 것은 낙타가 바늘구멍을 통과하는 것보다 어려운 일인지도 모르겠습니다. 그런데 그는 20대에 이미 세계사에 자신의 이름 '마크 저커버그'를 확실히 남겼으니, 이는 유래를 찾기 힘들 만큼 엄청난 일임이 분명합니다.

그렇다면 저커버그가 뛰어난 성과를 발휘할 수 있었던 요인은 무엇일까요?

### 첫째, 돈보다는 자신이 좋아하는 일에 더 가치를 두었습니다.

기업을 경영하는 기업가들의 첫째 목표는 돈에 있습니다. 이윤을 추구하는 것이 존재 목적인 기업으로서는 당연한 일이지요. 그러니 돈보다 자신이 좋아하는 일에 더 가치를 둔다는 것은 기업가로서의 자질을 의심받을 만한 것인지도 모릅니다. 하지만 그러했기 때문에 저커버그는 탁월한 CEO가 될 수 있었습니다.

돈을 보고 좇아 가는 기업가는 돈을 많이 벌 수는 있을지 몰라도 자신의 가치를 높이는 데는 한계가 있습니다. 역사상 많은 돈을 번 사람들 중 자신의 존재 가치를 남긴 사람은 그리 많지 않습니다. 돈 버는 데만 열중했기 때문입니다. 그러나 저커버그는 일의 가치에 더 무게를 두었습니다.

페이스북을 창업하고 얼마 안 되었을 때의 일입니다. 회원 수는 기하급수적으로 늘어났고, '처음엔 그러다 말겠지' 하고 생각했던 사람들까지도 놀라워할 정도로 페이스북은 급속도로 성장했습니다.

그러자 페이스북에 눈독을 들이는 사람들과 기업들이 늘어나기 시작했습니다. 페이스북이 창업한 지 4개월째 되었을 때 익명의 투자자가 인수 금액으로 천만 달러를 제시했습니다. 하지만 저커버그는 단칼에 거절하였습니다.

"나는 돈을 보고 페이스북을 팔지 않습니다."

"천만 달러는 큰돈입니다. 당신 같은 20대가 만질 수 없는 돈이지요."

"그래도 나는 팔지 않겠습니다. 나에겐 돈보다 내 일이 더 소중하니까요."

저커버그의 말에 익명의 투자자는 씁쓸하게 돌아설 수밖에 없었지요.

2005년에는 MTV와 영화사 파라마운트를 소유한 미디어 그룹인 비아콤Viacom Inc에서 인수 금액으로 7,500만 달러를 제시합니다. 그는 이 역시 거절하였습니다. 비아콤 사람들은 이렇게 엄청난 돈을 거절하는 것을 의아하게 여겼습니다.

1년 뒤인 2006년에는 야후가 무려 10억 달러를 인수 금액으로 제시했습니다. 하지만 저커버그는 이 또한 단칼에 거절했습니다.

마크 저커버그

"아니, 10억 달러의 돈을 거절하다니. 나 같으면 얼른 팔아 버렸을 거야."

"그러게 말이야. 나라면 얼른 팔아버리고 평생을 놀러 다니며 떵떵거리며 살 텐데."

"아무튼 속을 알 수 없는 애송이로군."

이 사실을 알게 된 많은 사람은 놀라움을 감추지 못했습니다. 생각해 보세요, 10억 달러면 1조 2천억 원에 해당하는 천문학적인 돈입니다. 그런데 이를 단칼에 거절하다니 어떻게 놀라지 않을 수 있겠습니까.

바로 여기에 CEO로서 저커버그의 특출난 자질과 진정성이 있답니다. 그가 돈보다 일의 가치를 소중하게 여긴 건 지금과는 다른 세상을 꿈꾸었기 때문입니다. 앞으로 펼쳐질 꿈의 가치를 더욱 소중히 했던 것이지요.

현재 페이스북은 전 세계에서 10억이 넘는 사람들이 열정적으로 이용하고 있으며, 자산 가치는 무려 944조에 이른다고 하니 놀라지 않을 수 없습니다.

둘째, 인간관계를 소중히 하는 데 있습니다.

저커버그는 페이스북을 실명제로 실행함으로써 누구나 신뢰할 수 있는 시스템을 구축하였습니다. 이러한 그의 생각은 사람들의 마음을 움직였고, 이는 페이스북에 대한 믿음과 신뢰로 이어졌습니다.

비실명제를 채택했다면 더 쉽게 많은 사람이 가입했겠지만, 그럴 경우 사람들이 서로 믿지 못했을 테니 원활한 커뮤니케이션을 할 수 없었겠지요. 모르는 사람에게 자신에 대해 공개하기는 꺼려질 테니까요.

저커버그가 실명제를 택한 이유는 사람들의 불안감을 없애야 자신이 바라는 것을 달성할 수 있다고 믿었기 때문입니다.

### 셋째, 세상이 빠른 속도로 진화를 거듭하는 데 있습니다.

세상이 하루가 다르게 급변하면서 가족이나 이웃, 친구 등과 함께할 수 있는 시간이 점점 줄어들고 있습니다. 모두가 바쁘게 살다 보니 아날로그 시대의 커뮤니케이션 방법이었던 직접적인 '만남'이 갈수록 힘들어지고 있는 것이지요. 이러한 변화는 사람들을 외로움이라는 '마음의 감옥'에 가둬 버리는 결과를 초래하였습니다.

놀랍게도 저커버그는 사람들의 이러한 심리적 갈급함을 해소해 주고자, 소셜 네트워크를 적극 시도하였던 것입니다. 비록 인터넷상이지만 끊임없이 소통하면서 사람들은 외로움이나 고립감에서 오는 상실감을 극복하고, 자신과 자신이 하는 일을 널리 알리고 있습니다.

덕분에 새로운 삶으로 거듭나게 된 사람도 적지 않습니다. 정

마크 저커버그

보 공유를 통해 자신에게 부족했던 지식을 채움으로써 사람들은 강한 성취감을 느끼게 되었습니다.

넷째, 단순함으로 페이스북을 다른 매체와 차별화시켰습니다.

복잡하고 변화가 빠른 현대사회에서 속도는 무엇보다 중요하지요. 페이스북은 단순하게 되어 있어 누구나 손쉽고 빠르게 어디서나 이용이 가능합니다.

만일 기능을 다양화했다면 어떻게 되었을까요. 지금처럼 큰 관심을 불러일으키지는 못했을 것이 분명합니다. 다양한 기능은 다른 매체에서도 얼마든지 충족 가능했을 테니까요. 저커버그는 최대한 기능을 단순화시킴으로써 페이스북이 사람들에게 널리 사랑받을 수 있게 했습니다.

## 믿음을 견고히 하는
## 신뢰의 법칙

신뢰는 인간관계에서 매우 중요한 요소입니다. 신뢰를 주는 사람이라야 사람들과 좋은 유대관계를 맺을 수 있고, 삶을 효과적으로 살 수 있게 됩니다.

아무것도 가진 게 없는 사람도 신뢰가 높은 사람에겐 길이 열리는 경우를 종종 보게 되지요. 하지만 신뢰를 잃으면 사람들과 단절됨으로써 삶을 원만하게 살 수 없습니다. 신뢰란 사람이 살아가는 데 있어 반드시 필요한 덕목입니다.

저커버그는 신뢰의 중요성을 잘 알고 있었습니다. 그가 짧은 기간에 엄청난 성공을 거둘 수 있었던 바탕에는 신뢰가 있었으니까요. 다음은 그가 사람들과의 관계에서 중요하게 생각하는 '신뢰의 유형'입니다.

### 첫째, 사람의 마음을 확실하게 사로잡기입니다.

사람의 마음을 사로잡기란 쉽지 않습니다. 원하는 사람을 내 사람으로 만들기 위해서는 공을 들여야 하니까요. 공만 들인다고 되는 것도 아닙니다. 그 사람의 마음을 얻어야 하는데, 그러자면 상대방으로 하여금 나를 믿게 해야 합니다.

저커버그는 자신이 먼저 사람들에게 신뢰의 눈길을 보냈습니다. 다음은 그가 한 말입니다.

"우리의 허가와 상관없이 누구나 애플리케이션을 개발할 수 있는 시스템이 필요하다. 나는 그것을 원한다. 그래서일까. 우리는 생각지 못했던 소프트웨어가 개발되고 있다."

이 말처럼 저커버그는 전 세계 수많은 애플리케이션 개발자들을 위해 무료로 개발 공간을 제공하고 있습니다. 이러한 그의 결단은 컴퓨터 관련 회사는 물론 일반 이용자들에게도 대단한 호응

마크 저커버그

을 받았습니다. 플랫폼을 제공한다는 것은 놀라운 일이니까요.

이처럼 그는 자신이 먼저 믿음을 보임으로써 신뢰를 얻었고, 그로 인해 사람들의 마음을 확실하게 사로잡을 수 있었던 것입니다.

### 둘째, 투명한 정보 공개로 이용자들을 안심시켰습니다.

저커버그는 투명한 정보 공개만이 사람들의 신뢰를 얻는 방법이라고 굳게 믿었습니다. 그래서 페이스북에서는 가공의 인물을 만드는 것을 용납하지 않았습니다. 가명을 쓰면 상대방이 신뢰할 수 없을 것이고, 상대가 누군지 알아야 자신을 공개할지 여부도 판단할 수 있을 테니까요.

저커버그는 이러한 사람들의 심리를 파악해 투명한 정보 공개를 실행했고, 그것을 통해 페이스북은 믿어도 좋다는 사람들의 신뢰를 살 수 있었습니다.

### 셋째, 신뢰를 중요하게 생각했습니다.

저커버그는 나이는 어리지만 생각이 깊었습니다. 자신이 원하는 것을 얻기 위해서는 돈보다 신뢰를 우선해야 한다고 믿었고, 이용자의 신뢰를 얻으려면 그들에게 부담을 주지 않아야 한다고 생각했습니다. 다음 말엔 그의 이런 생각이 잘 나타나 있습니다.

"사이트 이용료는 무료로 할 것이다. 이는 페이스북의 의무라고 생각한다. 이용료를 받지 않아도 회사 수익은 광고비만으로 얼마든지 벌 수 있다."

이 말은 그가 얼마나 이용자들 편에서 생각하는지를 보여 줍니다. 진심은 어디서든 통한다는 말처럼 사람들은 그의 이런 마음을 신뢰로 갚아 주었지요.

저커버그는 신뢰야말로 페이스북 발전에 꼭 필요한 성공 요인으로 본 것입니다. 그는 지속적으로 신뢰를 지키면 돈은 자연히 벌 수 있다고 믿었지요. 이러한 그의 생각은 적중했습니다. 지금 페이스북은 승승장구하며 끝을 모르는 성공의 길로 힘차게 나아가고 있으니까요.

## 삶을 매끄럽게 이어 주는 인간관계의 법칙

사람이 살아가는 데 있어 가장 중요하고도 힘든 것이 인간관계를 맺고 유지하는 것입니다. 인간관계를 어떻게 하느냐에 따라 성공 여부가 결정된다고 해도 과언이 아니니까요. 이미 성공을 거뒀다 해도 인간관계가 틀어져 버리면 그간 쌓아 두었던 것을 다 날려 버릴 수도 있습니다.

저커버그는 나이에 비해 인간관계의 중요성을 누구보다도 잘 알고 있는 사람입니다. 다음은 그의 인간관계 법칙입니다.

마크 저커버그

### 첫째, 롤모델을 성공의 교과서로 삼았습니다.

성공한 사람은 자신이 존경하는 인물을 자신의 '롤모델'로 정해 따라 하는 데 열정적입니다. 롤모델은 인생의 교과서이자 거울이라 할 수 있는데, 스티브 잡스의 롤모델은 휴렛팩커드의 창업자인 윌리엄 휴렛과 데이비드 팩커드였다고 합니다.

저커버그 역시 롤모델이 있었으니, 바로 스티브 잡스와 빌 게이츠입니다. 이들은 저커버그에게는 신화와 같은 존재였습니다. 저커버그는 그들의 말과 행동을 하나하나 눈여겨보았고, 그들에게 배운 것을 자신에게 적용시키려 노력했습니다.

### 둘째, 함께할 사람과 함께하지 말아야 할 사람을 정확히 했습니다.

페이스북의 규모가 점점 커지자 많은 인재가 필요했습니다. 그래서 새로운 사람들을 영입했지요. 그들 중에는 저커버그와 생각의 코드가 잘 맞는 사람도 있었지만, 그렇지 않은 사람들도 있었습니다.

그는 자신과 코드가 맞지 않는 임원과 직원들을 계속 교체했습니다. 영입한 사람을 내보내는 것은 안타까운 일이었지만 어쩔 수 없었습니다. 그들을 그대로 두었다간 회사를 경영하는 데 어려움을 불러올 게 불을 보듯 뻔했기 때문입니다.

저커버그는 자신과 함께할 사람과 함께하지 말아야 할 사람을 분명히 함으로써 생길지도 모를 잡음을 사전에 차단하였습니다.

### 셋째, 우수한 인재를 영입하는 데 역점을 두었습니다.

사람을 잘 쓰면 흥하고, 사람을 잘못 쓰면 망하는 게 인간사이지요. 이는 역사적으로 증명된 사실이니까요. 적재적소에 잘 맞는 사람을 투입하는 것은 경영자의 자질 중에서도 매우 중요한 것입니다. 성공하는 기업을 보면 우수한 인재들이 많다는 것을 알 수 있습니다.

저커버그 또한 이 점을 매우 중요하게 여겼습니다. 그는 우수한 인재를 발굴하는 데 아주 적극적이었고, 필요하다고 생각되는 인재가 있으면 언제든 받아들였습니다. 페이스북엔 수천 명이 넘는 임직원이 있는데 이들은 하나같이 우수한 인재들이라고 합니다. 이들은 페이스북이 단기간에 초우량 기업이 되는 데 크게 이바지하였습니다.

저커버그는 자신에게 주어진 천재적인 재능을 긍정적이고, 능동적이고, 창의적으로 활용함으로써 오늘의 자신을 만들었습니다. 그리고 가장 단기간에 세상을 변화시킨 인물 중 하나가 되었습니다. 그는 이 시대가 낳은 천재이며 가장 뛰어난 CEO중 한 사람임에 틀림없습니다.

마크 저커버그

# 마크 저커버그의 **씽크 포인트**

✦

**1** 돈보다는 자신이 좋아하는 일에 더 가치를

두었습니다.

**2** 신뢰를 소중하게 여겼습니다.

**3** 단순함으로 페이스북을 다른 매체와 차별화

시켰습니다.

Dreams
come true!

# 비전과 상상력, 창의성으로
# 세상을 바꾸다

## 스티브 잡스 Steven Paul Jobs, 1955~2011

✳

애플 창립자. 1976년 스티브 워즈니악, 로널드 웨인과 애플을 공동 창업함.
2009년 '포춘지' 선정 최고의 CEO.
2010년 〈파이낸셜타임스〉 '올해의 인물'에 선정. 2012년 '그래미 특별 공로상' 수상.

——————— 상상력으로 세상을 변화시킨 20세기의 대표적
CEO인 스티브 잡스. 그는 애플의 창업자로 세계 최초로 개인용
컴퓨터<sup>PC</sup>를 개발했습니다. 경영 분쟁 때문에 애플에서 나왔으나
1996년 복귀해 아이맥에 이어 2001년 아이팟, 2007년 아이폰,
2010년 아이패드를 잇따라 성공시키면서 애플을 세계 최대의 IT
기업으로 성장시켰습니다.

그가 2011년 타계했을 때 전 세계인들은 그의 죽음을 애도하
며 공적을 높이 평가하였습니다. 그 어떤 정치 지도자도 잡스처
럼 온 나라 사람들의 추모를 받은 적은 없었습니다. 대중적인 인

기를 누리는 연예인도 아닌 한 기업인에게 이처럼 추모의 열기가 뜨거웠다는 것은 무척 이례적이고도 놀라운 일입니다.

역사상 기업인으로서는 최고의 존경과 찬사를 한 몸에 받았던 스티브 잡스. 그는 탁월한 상상력의 실천으로 자신이 태어나기 전과 후의 세상을 완벽히 다르게 변화시킴으로써, 한 사람의 창의력이 얼마나 큰 힘을 발휘하는가를 보여 주었습니다.

## 새로움을 추구하는 상상력의 법칙

스티브 잡스는 상상력이 뛰어났습니다. 그는 남과 같거나 비슷한 것을 몹시 싫어했지요. 그것으로는 아무리 해봐야 더 좋은 것을 만들 수 없다는 생각 때문일 겁니다. 그래서 그는 남과는 다른 자기만의 것에 대한 집착이 강했습니다.

오직 상상력 하나로 세상을 바꾼 스티브 잡스의 다채로운 상상력에 대해 알아보는 것은 1020 세대 여러분이 꿈을 이루는 데 큰 도움이 될 것입니다.

첫째, 작은 것도 놓치지 않는 절대적인 상상력을 지녔습니다.

상상력이 뛰어난 사람들의 특징 중 하나는 남들이 보지 못하는 것에서 새로운 무언가를 발견해 낼 줄 안다는 것입니다. 스티브 잡스는 이런 점에서 여타의 사람들보다 탁월했습니다.

그는 자신이 생각한 것은 주저하지 않고, 곧바로 실행하였습니다. 애플사를 설립한 그는 컴퓨터 '애플1'을 만들었지요. 비록 세련되지는 않았지만 성능이 뛰어나 그해 말 105대나 판매하는 쾌거를 이뤘습니다.

이에 자신감을 얻은 그는 디자인과 기능을 바꿔 '애플2'를 만들어 냈습니다. 애플2는 사용이 간편하고 세련미가 뛰어나 판매량이 급등하였고, 스티브 잡스는 이 기회를 놓치지 않고 1980년 기업을 공개하여 한 시간 만에 460만 주가 팔려 나가는 진기록을 세웠습니다.

이 모두는 애플1의 미비한 점을 놓치지 않고, 계속해서 아이디어를 냄으로써 새롭게 변화를 시도한 스티브 잡스의 상상력 덕분이었습니다.

둘째, 위기 때마다 새로운 분야에서 상상력을 이끌어 냈습니다.

스티브 잡스는 매킨토시 발매 후 판매 저조로 애플사에서 쫓겨나고 말았습니다. 하지만 실패는 그에게 새로운 도약의 발판을 마련해 주었습니다.

그는 애플을 떠나 있는 10년 동안 컴퓨터 회사 넥스트를 창업하고, 애니메이션 영화사 픽사를 인수하는 등 재기를 위해 피나는 노력을 기울였습니다.

그러던 중 디즈니사와 계약을 체결하고 애니메이션을 제작하기로 했습니다. 지금까지와 다른 애니메이션을 만들자고 팀원들을 독려했고, 그렇게 해서 만들어진 애니메이션이 〈토이 스토리〉입니다. 애니메이션이라는 전혀 다른 새로운 분야에서 상상력을 발휘하였던 것이지요.

영화의 성공은 그에게 새로운 길이 열리는 계기가 되었습니다. 애플사가 그에게 경영을 맡아 달라고 요청한 것입니다. 그가 애플을 떠난 후 회사는 침체를 벗어나지 못했고, 새로운 도약이 필요한 상황이었습니다. 그리하여 스티브 잡스는 당당한 모습으로 애플사에 입성하게 됩니다.

스티브 잡스의 상상력은 위기 때마다 더욱 위력을 발휘하였습니다. 그가 위대한 상상력의 귀재가 될 수 있었던 것은 바로 남과 다른 위기 대처능력에 있었습니다. 그의 상상력은 위기 때도 가동을 멈춘 적이 없습니다. 여기에 그의 위대성이 있는 것이지요.

셋째, 탁월한 직관력으로 다양한 상상력을 발현시켰습니다.

애플의 경영을 다시 맡은 스티브 잡스는 예전의 그가 아니었습니다. 그는 총체적인 어려움을 돌파하고자 그동안 머리에 입력해 놓았던 상상의 씨앗을 하나씩 풀어놓기 시작했습니다.

스티브 잡스

1998년 그의 탁월한 상상력과 직관력으로 '아이맥 <sup>iMac</sup>'을 출시해 성공을 거두었고, 이로써 자신의 존재감을 만천하에 각인시켰지요. 그리고 이후 '아이팟 <sup>iPod</sup>'을, 2003년에는 '아이튠스 뮤직스토어'를 출시하며 센세이션을 일으켰습니다.

2007년엔 '아이폰 <sup>iPhone</sup>'을 출시했으며, 아이팟 누적대수가 1억을 돌파하는 진기록을 세웠습니다. 또한 2010년에는 '아이패드 <sup>iPad</sup>'를 출시하여 폭발적인 판매고를 기록했습니다.

그는 앞을 내다보는 직관력과 소비자들의 소비 성향의 흐름을 정확하게 짚어 내는 눈이 밝았습니다. 그리고 그것을 바탕으로 다채로운 상상력을 동원하여 소비자들의 구매 욕구를 충족시킬 최첨단 기기들을 만들어 냈던 것입니다.

그의 상상력은 엔진에 날개를 단 듯 내놓는 제품마다 히트를 시켰고, 잡스는 자신의 존재감을 전 세계인의 뇌리에 깊이 각인시켰습니다. 그리고 애플을 세계 최고의 기업으로 성장시켰습니다.

## 스스로를 믿는
## 자기 확신의 법칙

성공적인 삶을 산 이들은 자기 확신이 매우 강합니다. 자기 확신은 스스로를 믿게 함으로써 자신감을 최대로 끌어올리지요. 이렇게 생겨난 강한 자신감은 그 어떤 일도 능히 하게 하는 에너지로 작용하지요.

스티브 잡스는 누구보다도 자기 확신이 강한 사람이었습니다. 때론 너무 자기중심적이어서 사람들로부터 독선가라는 비난을 받기도 했지요. 그렇지만 아이러니하게도 그러한 자기 확신 때문에 그는 성공할 수 있었습니다.

다음은 스티브 잡스가 자기 확신을 가질 수 있는 3가지 법칙입니다.

### 첫째, 자기애가 무척 강했습니다.

자기 확신이 강한 사람은 자기애가 강합니다. 그래서 남에게 지는 걸 싫어하고, 자기중심적이지요.

자기 확신이 강한 사람의 장점은 자신이 하고자 하는 일에 대해 집중력과 집착이 강하다는 것입니다. 그러다 보니 목표를 이루기 위해 열정을 다합니다. 이는 곧 성공적인 결과로 이어지지요.

반면에 단점은 교만하고 독선적이라는 인식을 심어 줌으로써 부정적인 결과를 초래할 수도 있다는 것입니다. 이 경우에는 자신의 목표를 이루기가 힘들지요.

그런데 스티브 잡스는 이 장단점을 모두 지닌 인물이었습니다. 그는 자신이 하고자 하는 것엔 주저함이 없었습니다.

그가 애플로 다시 돌아와 아이맥을 성공시키고 나서의 일입니다. 그는 소프트웨어의 제작을 어도비Adobe에 의뢰했습니다. 하지만 어도비는 거절하였지요. 이에 자극을 받은 잡스는 자력으로 제작하기로 마음먹고, 이러한 생각을 직원들에게 알렸습니다.

이에 자극을 받은 담당 직원들은 마침내 소프트웨어 개발을 해냅니다. 그렇게 해서 출시된 제품이 '아이포토'와 '아이무비'입니다. 이로써 애플은 더욱 진화를 거듭하며 새롭게 변화를 꾀할 수 있었답니다.

"전부터 매킨토시를 지원해 준 회사이기에 상심이 컸다. 하지만 그로 인해 새로운 결심을 할 수 있었다. 아무도 도와주지 않는다면 우리 힘으로 할 수밖에 없다고 생각한 것이다."

이 말에 담긴 스티브 잡스의 강한 자기 확신이 느껴지나요?

둘째, 미래를 예측하는 정확성이 뛰어났습니다.

"미래에 무슨 일이 일어나는지 정확히 예측하기는 힘들다. 하지만 우리는 어디로 가는지는 느낄 수 있다. 그 느낌의 정확성은 비교적 높다."

이 말에서 우리는 스티브 잡스가 미래에 대한 확신으로 가득 차 있었음을 알 수 있습니다. 그가 아이폰, 아이패드 등을 연이어 성공시킬 수 있었던 것은 바로 앞을 내다보는 눈이 밝았기 때문입니다.

셋째, 머리보다도 노력과 열정을 믿었습니다.

1,000가지가 넘는 발명을 했던 토머스 에디슨 역시 자기 확신이 강했습니다. 다음의 말은 그의 자기 확신을 잘 보여 줍니다.

"천재를 만드는 것 그 1퍼센트는 영감이며, 99퍼센트는 땀방울이다."

지동설을 주장해 종교재판에 회부되어 재판을 받고 나오던 갈릴레이 갈릴레오는 "그래도 지구는 돈다"라는 유명한 말을 남겼지요. 이 말엔 과학자로서의 자기 확신이 잘 나타나 있습니다.

에디슨과 갈릴레오는 자신의 분야에서 최고의 자리에 오른 역사적인 인물입니다. 이들 또한 자기 확신이 강한 사람이라는 공통점이 있다는 걸 잘 알 수 있지요.

스티브 잡스 역시 그러하였습니다. 그는 자신의 머리보다는 노력과 열정을 더 믿었으니까요. 그의 성공은 노력과 열정에서 왔고, 이러한 자기 확신은 스티브 잡스가 성공할 수 있도록 무한의 긍정 에너지를 제공해 주었습니다.

## 내 뜻을 따르게 하는 설득의 법칙

스티브 잡스는 설득력이 매우 뛰어났습니다. 설득력이 좋다는 것

스티브 잡스

은 기업가에겐 큰 자산과도 같습니다. 왜냐하면 자기 회사의 제품을 판다는 것 자체가 소비자를 설득하는 것과도 같기 때문입니다.

회사가 어려움에 처하자 애플의 경영진은 스티브 잡스의 넥스트 인수에 관심을 두었습니다. 이 소식을 들은 잡스는 직접 애플의 경영자 길 아멜리오를 찾아가 이렇게 설득했다고 합니다.

"애플이 넥스트에 관심을 갖고 있다고 들었습니다. 소프트웨어만 사도 좋지만, 이왕이면 회사 전체를 사고 싶을 것입니다. 우리 회사엔 실력자들이 많습니다. 그것만으로도 애플은 큰 힘을 얻게 될 것입니다."

그의 말을 듣고 길 아멜리오는 곰곰이 생각했습니다. 새로운 프로그램을 개발하느라 비용을 들이지 않아도 된다는 이점과 이미 잘 만들어져 있는 컴퓨터를 보완해서 팔면 된다는 생각이 그의 마음을 움직였지요.

그 결과 애플은 넥스트를 인수하였습니다. 스티브 잡스의 강한 설득이 길 아멜리오의 마음을 움직이는 데 아주 효과적으로 작용하였던 것이지요.

애플의 CEO가 된 스티브 잡스는 중요한 결정을 내렸습니다. 경쟁 상대인 마이크로소프트사와 기술제휴를 하겠다고 발표한 것이지요. 이 말을 들은 임직원들은 말도 안 되는 얘기라고 불평하였습니다. 그러자 스티브 잡스는 힘주어 말했습니다.

"내가 이런 결정을 한 것은 애플을 위해서입니다. 나는 애플을 위해서라면 ㄱ 어떤 것도 할 수 있습니다."

그가 이렇게 말한 데는 이유가 있었습니다. 당시 마이크로소프트사는 애플의 사용자 위주의 인터페이스를 사용하길 원했고, 스티브 잡스는 이 제안을 받아들이는 조건으로 마이크로소프트사에 막대한 투자를 요구했습니다.

마이크로소프트사는 이를 받아들였고, 그렇게 해서 애플과 마이크로소프트사는 경쟁 관계이면서도 서로의 이익을 취하는 공생 관계를 유지하게 되었던 것입니다.

당시 자금난에 시달리던 애플로서는 손해 보는 장사가 아니었습니다. 투자도 받고, 기업이 함께 발전하기 위해서는 손을 잡아야 한다는 좋은 선례도 남기는 일거양득의 효과를 거두었던 것이지요.

이처럼 스티브 잡스는 상대를 설득하는 놀라운 재주를 가지고 있었고, 자신이 해야 한다고 생각하는 것은 반드시 밀어붙였습니다. 그가 그렇게 할 수 있었던 힘은 어디에서 왔을까요?

첫째, 상대에게 자신과 함께하면 절대 손해를 보지 않고 이익을 얻게 된다는 강한 확신을 심어 주었습니다.

둘째, 논리에 맞게 자신의 생각을 증명해 보이는 재주가 탁월했습니다.

스티브 잡스

셋째, 상대가 누구든 간에 한번 마음먹으면 상대가 "오케이" 할 때까지 끈질기게 협상을 벌였습니다.

넷째, 정확한 데이터와 증거로 설득하여 상대방이 믿게 하였습니다.

설득력이 좋다는 것은 큰 자산입니다. 상대를 설득할 수 있는 힘이 있으면 돈이 없어도 투자를 통해 자금을 충당할 수 있고, 함께 하자고 상대가 먼저 제안하게 만들 수 있으니까요.

스티브 잡스가 프레젠테이션을 직접 하는 이유도 사람들을 설득할 수 있다는 자신감이 있기 때문입니다. 그가 청바지 차림에 검은 티를 입고 프레젠테이션을 하는 모습을 그대로 따라 하는 사람이 있을 정도로 그는 자연스럽고 매력이 넘치는 설득의 귀재였지요.

"우리는 우리가 상상한 것에 모든 것을 걸었다. 다른 곳과 똑같은 것을 만들 바에는 우리들이 상상한 것에 모든 것을 걸고 싶다. 누구나 만들 수 있는 제품은 다른 회사가 만들면 된다. 우리에게는 다음엔 어떤 상상을 하고 나아가느냐가 중요하다."

스티브 잡스의 말에 그가 얼마나 남과 다른 것을 원하는지가 잘 드러나 있습니다.

그는 실패의 쓴잔도 마셨고, 사람들로부터 수도 없이 독선적이라고 비난을 받았습니다. 그리고 경영 악화로 풍전등화와 같은 상황에서 전전긍긍히 머 속을 대우기도 했시요. 그러나 그는 쓰러지지 않았습니다. 그리고 마침내 자기를 쫓아냈던 애플에서 승승장구하며 21세기 최고의 경영인이 되었답니다.

# 스티브잡스의 씽크 포인트

**1** 작은 것도 놓치지 않는 절대적인 상상력을

지녔습니다.

**2** 미래를 예측하는 정확성이 뛰어났습니다.

**3** 머리보다도 노력과 열정을 믿었습니다.

**Dreams
come true!**

# 희망의 기적을 이루다

**버락 오바마** Barack Hussein Obama, 1961~

٭

미국 44대, 45대 대통령.
2008년 〈뉴욕타임지〉 선정 '올해의 인물'.
2009년 '노벨평화상' 수상.

──────── 미국 최초의 흑인 대통령으로서 재선에 성공한
버락 오바마. 그는 2008년 제44대 미국 대통령 선거에 민주당 후
보로 출마했습니다. 백인들이 주도하는 미국 사회에서 흑인인 그
가 공화당 후보인 존 매케인을 큰 표 차로 누르고 대통령으로 당
선된 것은 기적과도 같은 일이었습니다.

이는 버락 오바마가 자신의 역량을 유감없이 미국 국민들에게
보여 주었기에 가능한 일이었습니다. 그는 2007년 민주당 대통
령 후보 예비선거에서 힐러리 클린턴과 경쟁을 벌여 초박빙의 승
리를 거두고 민주당 대통령 후보가 되었습니다.

사실 당시 누구도 그의 승리를 장담하기 어려운 상황이었습니다. 그의 경쟁 상대가 빌 클린턴 전 대통령의 부인이자 미국 사회에서 가장 촉망받는 여성인 힐러리 클린턴이었기 때문이지요. 하지만 그는 거기서 흑인이라는 불리함을 극복하고 승리를 거둡니다.

버락 오바마가 대통령이 된 것은 미국 사회에서는 하나의 위대한 사건이었지요. 미국 내 흑인들의 지지를 100% 받는다고 해도 미국 국민의 10%에 불과합니다. 나머지 국민들의 지지를 끌어냈다는 것은 그만큼 그의 역량이 뛰어났음을 보여 주는 것입니다.

게다가 오바마는 제45대 대통령 선거에서 롬니 공화당 후보를 누르고 재선에 성공함으로써 또 한 번 희망의 기적을 이루어 냈습니다.

## 새로움을 창출하는 변화의 법칙

변화란 기존의 삶의 행태와 조직, 사회 구조를 지금과는 다르게 바꾸는 것을 의미합니다. 변해야 할 때 변화하지 않으면 답보하거나 퇴보하게 됩니다. 모든 발전은 변화를 통해 이루어졌고, 그래서 이 변화라는 말에는 '희망'이 내포되어 있습니다.

2008년 오바마가 민주당 대통령 후보로 미국 상위 1%에 해당하는 존 매케인과 경쟁을 벌일 때 그가 내세운 슬로건이 바로 '희망과 변화'였습니다.

그가 희망과 변화를 내세운 것은 당시 조지 부시 대통령이 벌인 이라크전과 아프가니스탄 전쟁 등으로 미국 사회가 지쳐 있었기 때문입니다. 오바마는 이를 놓치지 않고 자신의 선거 정책으로 삼았습니다.

그리고 그는 부시가 부유층에게 세금 감면 혜택을 준 것은 정부의 재정 운영 측면에서 무책임하고 비도덕적인 처사라고 비판하였습니다. 또 건강보험, 에너지 등 미국의 경쟁력을 제고할 수 있는 정책을 제시하지 못했다고 비판하였지요.

오바마는 국민이 무엇을 바라는지 잘 알았습니다. 담대한 희망과 변화를 역설하는 그의 연설은 미국 국민의 지친 마음을 풀어 주기에 충분했지요. 그의 인기는 날로 급상승했고, 그 결과 상위 1%의 상류층에 해당하는 존 매케인 공화당 후보를 보기 좋게 누르고 미국 제44대 대통령으로 당선되었습니다.

오바마는 전쟁으로 인해 휘청거리는 미국 경제를 살리기 위해 아프가니스탄 전쟁을 종식시켰습니다. 조지 부시가 이라크와 아프가니스탄을 상대로 벌인 전쟁은 미국의 새로운 변화를 이끌어 내거나 경제적인 발전을 도모하기 위함이 아니었습니다. 철저한 보수주의자인 부시는 미국의 힘을 과시함으로써, 세계 중심 국가로서의 위상을 더욱 확고히 다지고자 했던 것입니다.

오바마는 이를 정책적으로 잘 활용함으로써 미국 국민들에게 새로운 비전을 보여 주었지요. 나아가 일자리 창출, FTA(일반관세 및 무역협정)를 통해 미국의 국익을 위해 노력하는 등 부시와는 다른 정책으로 변화를 꾀했습니다. 또 원유 해외 의존도를 낮추기 위한 경제정책을 실시했으며, 일본에 밀려 퇴보를 면치 못하는 자동차 산업을 회복시키고자 백방으로 노력했습니다.

또한 자유와 평화를 위협하며 테러를 일삼는 알카에다 오사마 빈라덴을 제거하였습니다. 이로써 9·11 테러로 얼룩졌던 미국 국민들의 자존심을 회복시켜 오바마는 열렬한 지지를 받았습니다.

다음은 오바마가 새로움을 창출한 변화의 법칙 핵심 포인트입니다.

첫째, 담대한 희망을 가슴에 품고 언제나 희망만을 생각하였습니다.

둘째, 자신의 경험을 열정의 에너지로 승화시켰습니다.

셋째, 개혁만이 변화를 이끌어 낼 수 있다고 믿었습니다.

넷째, 지금과는 다르게 보고 다르게 생각하는 자세를 견지하였습니다.

오바마는 이 네 가지 핵심 포인트를 철저하게 실행함으로써 미국 국민에게 새로운 희망을 보여 주었습니다. 그리하여 또다시 선거에서 선택받았지요. 그것은 미국 국민이 지금과는 다른 변화된 미국을 원했기 때문입니다.

## 담대한 꿈을 이루는 도전의 법칙

어떤 것도 도전 없이 이루어지는 것은 없습니다. 도전은 현재를 미래로 변화시키는 가장 근본적이면서 가장 확실한 해법입니다. 하지만 때로 도전은 고통을 야기하고 지독한 고독감에 빠뜨리기도 합니다. 도전했지만 기대하는 결과를 얻지 못할 때도 있고요.

그런 가운데서도 스스로를 지켜낼 수 있어야 계속 도전할 수 있습니다. 인간은 도전을 통해 자신의 가치를 발현시키는 위대한 존재입니다.

오바마의 자기 확신은 처음엔 그다지 강하지 못했습니다. 일리노이주 상원의원을 세 차례나 지냈지만 여전히 스스로 부족하다 여겼습니다. 그러다 연방 상원의원에 출마하기 3개월 전 보스턴에서 개최된 민주당 전당대회에서 기조연설을 했습니다.

연설에서 오바마는 '하나의 조국', '희망의 정치'를 내세우며 미국 본연의 모습을 되찾자고 강조하였지요. 그의 연설은 힘이 있었고 미국 국민들에게 강렬한 여운을 남겼습니다. 그를 잘 모르던 국민들도 그에게 관심을 갖기 시작했습니다.

오바마의 연설은 민주주의의 초석을 다진 링컨 대통령과 흑인들의 인권을 부르짖은 마틴 루터 킹 목사의 연설과 비견될 정도로 강력했습니다. 링컨 대통령과 킹 목사는 평소 오바마가 평소 존경하고 롤모델로 삼았던 대상이라고 합니다.

오바마의 연설은 존 F. 케네디처럼 열정적이지는 않아도 강렬한 인상을 주었습니다. 세련된 몸짓, 굵고 차분한 목소리, 순진한 아이 같은 미소, 논리 정연한 화법은 듣는 이들로 하여금 그의 진정성을 느끼게 했고, 믿음과 신뢰를 주기에 충분했습니다.

그 연설을 계기로 오바마의 인생은 획기적으로 변화했고, 도전의 문을 두드리게 되었습니다. 연방 상원의원 선거에 도전한 것입니다. 개표가 실시되고 놀라운 결과가 일어났습니다. 강력한 경쟁자였던 앨런 키스를 70%라는 큰 표 차이로 물리치고 상원의원에 선출된 것입니다.

이제 미국 국민은 그가 하는 말이나 행동 하나하나에 관심을 기울이기 시작했고, 인기가 하늘을 찌를 듯 높아졌습니다. 이에 자신감을 갖게 된 오바마는 대권이라는 거대한 꿈을 마음에 품고 도전의 불꽃을 지폈습니다.

그러나 꿈이 있다고만 해서 도전을 성공시킬 수 있는 것은 아넙니다. 그에겐 여전히 넘어야 할 산들이 많이 남아 있었습니다. 먼저 민주당 내 대통령 후보 경선에서 힐러리 클린턴이라는 거대한 산을 넘어야 했지요.

그는 경선 참여를 선언하고 도전에 시동을 걸었습니다. 오바마의 정치 신념인 '하나의 조국', '희망의 정치'는 또 다시 위력을 발휘하며 그에게 승리를 안겨 주었지요. 그 후 오바마는 미국의 제 44대, 45대 대통령에 연이어 당선되며 자신의 저력을 보여 주었습니다.

오바마의 '도전의 법칙' 핵심 요소를 살펴보겠습니다.

첫째, 확고한 자기 확신으로 국민들에게 강한 메시지를 심어 주었습니다.

둘째, 확고한 신념을 지속적으로 강화시키며 국민들의 마음에 꿈을 심어 주었습니다.

셋째, 상대방의 정책을 논리적으로 제압하며 국민들에게 신뢰와 믿음을 심어 주었습니다.

오바마는 겉으로 강한 이미지를 주는 지도자는 아니었지만, 내면 깊숙이에서 우러나는 진정성이 그에게 도전의 가치를 더욱 확고하게 만들어 주었습니다. 만약 오바마가 자신에 대한 확신을 갖지 못했다면 그는 평범한 변호사나 사회운동가로 사는 데 만족했을 것입니다. 그러나 그의 그릇은 이보다 훨씬 크고 위대했습니다.

 ## 국민을 하나로 결집시키는
## 진정성과 통합의 법칙

오바마는 어린 시절 자신의 피부 색깔이 어머니와 달라서 정체성의 혼란을 겪었습니다. 아버지는 케냐에 살고 있어 아버지 없는 아이처럼 어머니의 보살핌을 받으며 자라야 했지요. 게다가 백인에게 부당한 대우를 받으며 겪었던 정신적 아픔 또한 컸습니다.

그러나 오바마는 피부가 다르고 문화가 다른 다양한 사람들과 어울려 살면서 새로운 인식을 갖게 되었습니다. 다양한 민족이 함께 조화를 이루고 다양한 문화를 즐기며 사는 것이야말로 가치 있는 삶이라고 생각하게 되었던 것입니다.

생각이 바뀌자 삶의 가치도 바뀌었습니다. 오바마는 모든 것을 긍정적으로 바라보기 시작했지요. 이를 바탕으로 협력과 화해, 용서와 함께 더불어 사는 삶을 추구하는 것이야말로 진정으로 미국이 잘되는 길이라고 역설할 수 있었던 것입니다.

그의 이러한 모습을 잘 보여 주는 일화가 있습니다. 오바마는 이라크, 아프가니스탄과 전쟁을 벌이며 경제적으로 큰 손실을 입

버락 오바마

었다며, 치르지 않아도 될 전쟁으로 국력을 낭비했다고 부시를 비판하였습니다. 더불어 부자들의 세금 감면 정책이 가지는 부당함에 대해서도 비판의 칼날을 세웠지요.

그러나 그는 부시를 인간성이 결여된 사람으로 보지는 않는다고 말했습니다. 이러한 의견에 다른 사람들이 이해할 수 없다는 반응을 보이자, 오바마는 정책과 사람을 같이 평가해서는 안 된다고 말했습니다. 정책은 다만 지도자의 국정철학일 뿐이라는 것이지요.

"지금도 나는 어머니가 내게 강조한 간단한 원칙 '네게 그렇게 하면 기분이 어떨 것 같니?'라는 말을 정치 활동의 지침 중 하나로 삼고 있다. 만일 CEO가 직원들의 입장에서 생각한다면 그들의 건강보험 지원비를 삭감하면서 수백만 달러의 상여금을 챙기기는 어려울 것이다. 노동조합 지도자들은 경쟁에서 살아남아야 한다는 사용자의 압박감을 외면해서는 안 된다. 내가 조지 부시와 아무리 생각이 다르더라도 그의 시각에서 국제 상황을 바라보도록 노력해야 한다. 공감이란 바로 이런 것이다."

이 말엔 상대방의 입장에서 바라보고 생각하는 그의 자세가 잘 나타나 있습니다. 그가 '통합'을 강력하게 주장했던 것도 같은 맥락에 있습니다. 이러한 오바마의 진정성은 많은 사람의 마음을 움직였습니다. 오죽하면 반대파인 공화당 내에 오바마를 지지하는 사람이 있을 정도였겠습니까.

오바마가 줄기차게 역설한 '하나의 조국'과 '희망과 통합'은 새로운 가치의 패러다임으로 확실하게 자리 잡았고, 그의 국정철학으로서 국민들의 힘을 끌어모으는 데 크게 작용하였습니다.

오바마는 가난한 노동자들을 위해 최저임금을 7, 25달러에서 10달러로 인상하는 계획을 추진했습니다. 서민들이 근로소득 세액공제를 더 많이 받을 수 있도록 했으며, 의료보험 사각지대에 놓인 사람들이 부당한 처우를 받지 않도록 노력했습니다.

이러한 서민 경제 활성화 정책을 통해 그만큼 서민들에게 다가서 있는 그의 마음을 엿볼 수 있습니다. 국민을 하나로 끌어 모았던 오바마의 진정성은 다음과 같이 정리할 수 있습니다.

첫째, 미국을 하나로 결집시킬 수 있는 가장 확실한 방법을 '통합과 희망'이라는 관점에서 역설함으로써 강력한 지지를 받았습니다.

둘째, 매사에 솔직했으며, 특정인이나 상대 정당을 비난하지 않았습니다.

셋째, 한 가정의 가장으로서 지극히 가정적인 모습은 꾸밈없이 국민들의 마음을 파고들었습니다.

넷째, 가난한 서민들이 차별을 받지 않고 사회의 구성원으로 살아야 한다는 정책을 일관되게 추진함으로써 함께하는 삶의 가치를 추구하였습니다.

버락 오바마

다섯째, 백인보다 더 백인 같은 흑인이라는 말을 들을 만큼 진보적인 생각을 보수의 입장에서 말함으로써 공화당 사람들에게도 믿음과 신뢰를 받았습니다.

진정성은 사람들의 마음을 움직이게 하는 가장 보편적이면서도 확실한 힘입니다. 흑인에 대한 차별이 과거보다 많이 개선되었다고 하지만, 여전히 인종 차별은 미국 사회의 고질적 문제로 남아 있습니다.

그런 상황에서 흑인을 대표해 오바마가 대통령이 되었다는 것은 기적 같은 일이 아닐 수 없습니다. 이는 그만큼 오바마의 인간적인 매력과 정치적인 역량이 뛰어났음을 의미합니다.

오바마는 진정성을 바탕으로 한 강력한 리더십으로 미국이 세계 중심 국가로서 역할을 하고, 초강대국으로 발전하도록 이끌었던 훌륭한 대통령으로 기록되었답니다.

# 버락 오바마의 씽크 포인트

**1** '희망과 변화(Hope and Change)'와

'우리는 할 수 있다(Yes We Can)'라는 슬로건으로

미국 유권자들을 감동시켰습니다.

**2** 담대한 희망을 가슴에 품고서 언제나 희망만을

생각하였습니다.

**3** 확고한 신념을 지속적으로 강화시키며 국민들의

마음에 꿈을 심어 주었습니다.

Dreams
come true!

# 끊임없는 변화로
# 성공 스토리를 써 내려가다

**하워드 슐츠** Howard Schultz, 1953~

미국 뉴욕 출생. 스타벅스 CEO.
저서 《온 워드Onward》, 《그라운드 업From the Ground Up》 등.

———————— 하워드 슐츠는 뉴욕 브루클린 빈민가에서 유태계 트럭 운전사의 아들로 태어났습니다. 어린 시절 그는 반지하 단칸방에 살며, 가난 때문에 자신이 원하는 것을 한 번도 이루지 못한 아버지의 모습을 지켜보며 자랐습니다. 평생 불행하게 살았던 아버지와 달리, 반드시 자신이 원하는 삶을 살겠다고 굳게 다짐했지요.

그는 타고난 운동신경으로 야구, 농구, 미식축구 등에 뛰어난 소질을 보여 언제나 주목을 받았습니다. 특히 미식축구 실력이 빼어나 고등학교를 마치고 미식축구 특기생으로 대학에 들어갈 수 있었습니다. 하지만 후보 선수 신세를 벗어나지 못했던 그는 운동을 포기하고 회사원의 길을 걷게 됩니다.

제록스에서 세일즈맨으로 일하다, 햄머플래스트라는 생필품 회사로 자리를 옮겼고 거기서 능력을 인정받아 미국 내 판매 총 책임자 자리에 올랐습니다.

안정적인 미래가 보장되는 자리에 있었지만 그는 새로운 도전 을 꿈꾸며 모험을 감행하였지요. 회사를 그만두고 당시 작은 커 피 프랜차이즈였던 스타벅스에 마케팅 이사로 들어가게 됩니다.

그리고 온갖 역경을 극복하고 마침내 1987년 스타벅스의 CEO가 되었지요. 2022년 현재 스타벅스는 전 세계에 34,000여 개의 매장이 있습니다.

하워드 슐츠는 참된 기업이란 무엇이며, 참경영이란 무엇인가 를 온몸으로 보여 준 이 시대 최고의 감성 CEO입니다.

 **상상을 실현시킨
생생한 꿈의 법칙**


성공을 바란다면 앉아서 성공이 찾아오기를 기다려선 안 됩니다. 작은 것 하나라도 손에 넣기 위해서는 그만한 대가를 치러야 하 지요.

하워드 슐츠

성공하고 싶다면 생생한 나만의 꿈이 있어야 하고, 그 꿈에 걸맞은 목표를 세우고 세부적인 실천 사항을 정해 계획대로 실행해야 합니다. 아무리 꿈이 거창하더라도 그것을 실현시키기 위한 노력이 없다면, 아무것도 아닌 것이 되고 마니까요.

다음은 상상을 실현시키는 '생생한 꿈의 법칙'을 이루기 위해 하워드 슐츠가 시도한 방법입니다.


### 첫째, 자신이 꿈꾸는 것을 간절히 원해야 합니다.

"무언가를 간절히 원하면 온 우주는 당신의 소망이 이루어지도록 도울 것이다. 그러기 위해서는 용감해야 한다. 의미 있는 것들을 위해 투쟁할 만큼 용감하라."

이는 세계적인 베스트셀러인 《연금술사》의 작가 파울로 코엘료가 한 말입니다. 코엘료가 이렇게 말할 수 있었던 것은 순탄치 않은 젊은 시절을 보냈기 때문일 것입니다. 그러다 산티아고 순례를 떠난 것이 계기가 되어 작가로서 새 인생을 시작할 수 있었지요. 간절히 원했기에 작가로 성공할 수 있었던 것입니다.

슐츠 또한 마찬가지였습니다. 생필품 회사의 임원으로 일하고 있었지만, 뭔가에 홀린 듯 커피에 매료되어 다니던 직장을 그만두게 됩니다. 그리고 커피와 관련된 새로운 꿈을 꾸게 됩니다.

그의 꿈은 이탈리아의 에스프레소 바처럼 누구나 커피를 손쉽게 마실 수 있는 공간을 만드는 것이었습니다. 업무 차 방문했던 이탈리아에서 접했던 커피 문화를 즐길 수 있는 공간을 만든다면 분명 성공할 거라고 확신했습니다.

하지만 사람들이 자신의 생각만큼 따라주지 않자 하워드 슐츠는 스타벅스를 나오게 됩니다. 당시 그는 아내의 임신으로 수중에 돈이 없었습니다. 수많은 전문가와 지인을 만나 자신의 사업 계획을 설명하고 투자하도록 설득했으나, 누구도 선뜻 투자하겠다고 나서는 사람은 없었습니다. 대부분 그의 꿈을 허무맹랑한 일로 생각했으니까요.

다행히 스타벅스의 세 창업자 중 한 명인 제리 볼드윈이 15만 달러를 투자해 주었습니다. 그는 자신이 원하는 사업 방식은 아니지만 슐츠를 지원해 주고 싶은 마음에 투자를 결정했다고 합니다.

그 후 슐츠와 뜻을 같이 하는 사람들이 하나둘 투자를 하겠다고 나섰고, 1986년 슐츠는 마침내 〈일 지오날레〉 매장을 열었습니다. 그렇게 해서 그는 자신이 원하는 대로 시도했고 마침내 성공하였습니다.

그가 성공할 수 있었던 것은 바라는 것을 간절히 원했기 때문입니다. 간절히 원하는 마음에는 비전이 있어 긍정의 에너지를 분출하지요. 그리고 긍정의 에너지는 불가능한 것도 현실로 실현시킵니다.

하워드 슐츠

**둘째, 적극적으로 실천하기입니다.**

커피에 관심을 갖게 된 하워드 슐츠는 스타벅스가 있는 시애틀로 가 세밀하게 관찰하였습니다. 비전이 보이자 안정적인 삶을 버리고 작은 구멍가게에 불과한 스타벅스에 입사하기로 결심하지요.

하지만 스타벅스는 그를 원하지 않았습니다. 그럼에도 1년 동안 끈질기게 설득한 끝에 슐츠는 스타벅스에 마케팅 이사로 들어가게 됩니다.

이후 스타벅스를 나와 직접 회사를 차리기로 했을 때도, 그는 242명에 달하는 지인과 전문가들에게 자신의 아이디어를 들려주었습니다. 하지만 이 가운데 217명은 그 사업은 성공하기 힘들 것이라고 부정적인 의견을 냈습니다.

하지만 그는 포기하지 않고 끈질기게 설득을 하였습니다. 그러자 그의 진정성을 눈여겨본 스콧 그린버그, 어니 프렌티스 등이 함께하기로 했지요.

그리고 마침내 일 지오날레 회사를 창업하고 3년 뒤 자신이 그토록 원하는 스타벅스를 인수하였습니다. 그리고 승승장구하여 세계 최고의 커피 회사로 키워 내며 고객에게 감동을 주고, 고객을 주인으로 섬기는 인간 중심 경영철학을 실천하는 경영자로 평가 받는 CEO가 되었지요.

하워드 슐츠는 집념과 끈기로 똘똘 뭉친 사람이었습니다. 그는 한번 마음먹은 것은 기필코 해내는 저력을 지니고 있었지요. 아무리 그것이 무모한 것처럼 보여도 그는 전혀 개의치 않았습니다. 한마디로 그는 포기를 모르는 사람이었으니까요.

"중요한 것은 말하는 것이나 희망하는 것, 바라는 것이나 의도하는 것이 아니라 행동하는 것이다. 당신의 선택이 실질적으로 당신이 어떠한 사람인지를 분명히 말해 준다."

이는 브라이언 트레이시가 한 말로, 실천의 중요성에 대해 알려 줍니다. 아무리 꿈이 원대하다 해도 실천하지 않으면 무용지물에 불과하지요. 하워드 슐츠의 성공은 포기하지 않는 도전 정신과 강인한 실천력에서 왔던 것입니다.

### 셋째, 기초를 튼튼히 다지기입니다.

건물을 짓든 운동을 하든 기초가 튼튼해야 합니다. 기초가 부실하면 그 어떤 것도 좋은 성과를 낼 수 없지요.

스타벅스를 인수하고 3년 동안 적자가 나자 이사들은 슐츠에게 불만을 토로하며 경영 방법을 바꿀 것을 요구하였습니다. 하지만 그는 경영진을 끌어들이고 배전 시설을 더 좋게 만들고 회사 시스템을 갖춰야 한다며 자신의 주장을 굽히지 않았지요.

그의 간절한 의지에 이사들은 뜻을 같이 해주었고 마침내 1990년 흑자를 냄으로써 슐츠는 자신이 옳았음을 증명해 보였습니다.

하워드 슐츠

사실 스타벅스를 인수했지만 개선해야 할 점이 한두 가지가 아니었습니다. 시설도 그렇고, 커피숍 운영 시스템이나 판매 시스템도 여러 문제를 안고 있었습니다. 그것을 개선하지 않은 상태에서 흑자를 내기란 힘든 일이었기에, 이를 개선하고자 적자를 감수하고서라도 투자를 아끼지 않았던 것입니다.

하워드 슐츠는 커피숍을 새로 오픈할 때는 임대료가 비싸도 목이 좋은 곳을 골랐고, 커피숍 입지와 관련해서는 부동산 분야의 전문가를 채용해 보다 체계화했습니다. 자연히 투여되는 비용도 늘어날 수밖에 없었겠지요.

그는 수익이 나는 대로 투자를 함으로써 회사를 안정적으로 운영하는 동시에 크게 성장시킬 수 있었습니다. 재투자는 기업의 기초를 튼튼히 다지는 경영전략이지요. 슐츠는 각 분야에 맞게 신속하게 재투자를 함으로써 성장을 이끌어 낼 수 있었습니다.

## 고객을 VIP로 대하는 감동의 법칙

'고객은 왕이다'라는 말처럼 구태의연하게 들리는 말이 있을까요? 하지만 고객이 없는 매장을 생각해 보세요. 떠올리는 것만으로도 아찔하지 않은가요?

하워드 슐츠는 고객을 진정으로 존중하였습니다. 고객은 자신의 꿈을 이루게 도와주는 고마운 존재라고 거듭거듭 마음에 새겼지요. 그가 고객에게 행했던 서비스 정신과 행동에 대해 알아보는 것은 매우 큰 의미가 되어 줄 것입니다.

첫째, 고객을 감동시키기입니다.

고객은 자기 돈을 원하는 곳에서 쓸 자유가 있습니다. 아무리 갖은 말로 고객을 끌어 오려 해도 고객이 'NO' 하면 그만이지요.

고객의 입에서 'YES'라는 말이 나오도록 하기 위해서는 여러 방법이 있겠지만, 가장 중요한 것은 고객을 감동시키는 것 아닐까요? 사람은 나에게 감동을 준 대상에게는 뭐든 아까워하지 않고 주려고 하니까요. 그는 이 점을 잘 알았던 것입니다.

하워드 슐츠는 스타벅스만의 차별화를 시도했습니다. 그가 중점을 두었던 것은 고객들에게 편안한 공간을 제공하는 것이었습니다.

따뜻하고 친절한 직원들의 인사, 오래 머물러도 눈치 볼 필요없는 자유로움, 안락하고 자연스러운 인테리어 등으로 스타벅스를 찾는 고객들이 '이곳에 오면 참 아늑하고 마음이 편안해져'라고 느끼게 했습니다.

이러한 슐츠의 고객 서비스 전략은 적중했고, 고객은 그 감동을 계속 누리고 싶어 기회가 될 때마다 스타벅스에 가게 되었습니다. 스타벅스 고객들이 커피숍을 찾는 평균횟수는 한 달에 18회라고 하니 놀라운 일이 아닐 수 없습니다. 이 모두가 고객을 감동시키는 전략의 결과였지요.

### 둘째, 고객을 주인으로 모시기입니다.

고객이 없는 회사는 더 이상 존재 가치가 없습니다. 사 주는 사람이 없는데 제품이 아무리 좋은들 무슨 소용이 있겠어요? 기업이 성장하기 위해서는 제품의 품질도 중요하지만, 고객을 진정으로 위하는 마음으로 그들이 만족할 수 있는 서비스를 제공해야 합니다.

하워드 슐츠는 고객들을 위해 커피에 대한 정보를 제공하고, 커피숍에 안내 책자를 전시했습니다. 스타벅스 특별음료 만드는 방법, 커피 문화 등을 담은 월간 잡지도 발행했지요.

매장을 찾는 고객들이 다양한 음악을 즐기게 하고, 의자 스타일 등 아주 디테일한 부분까지 고객들이 좋아할 수 있는 것들로 갖추어 고객들이 주인 대접을 받는다고 느끼게 했습니다.

이 회사가 고객을 진심으로 환영하는지는 고객들이 먼저 아는 법이지요. 미국의 저명한 심리학자 윌리엄 제임스는 이렇게 말했습니다.

"늘 남이 중요한 인물이라는 생각이 들도록 만들어라,"

여기서 '남'을 '고객'이라고 바꾸어도 뜻이 통할 것입니다. 하워드 슐츠는 이러한 인간들의 보편적 감성을 잘 이해하고 이를 마케팅에 적용시켰습니다.

셋째, 사회적 책임을 지기입니다.

'기업의 사회적 책임경영'이라는 말이 있습니다. 기업이 돈을 버는 데 있어 사회가 크게 작용하므로, 기업이 수익의 일부를 사회를 위해 환원하고 공익에 기여할 책임이 있음을 말합니다. 이는 사회뿐 아니라 기업이 꾸준히 성장하기 위해서 꼭 필요한 노력입니다.

하워드 슐츠는 수익의 일부를 기부하여 커피를 재배하는 나라 농부들을 돕도록 했으며, 정수 공급 시스템, 문맹 퇴치와 위생 교육 등에도 기여하였습니다. 또 쓰레기 배출량 줄이기, 환경기금 조성 등을 통해 환경운동에도 앞장서고 있습니다.

## 직원을 가족으로 대하는 패밀리 법칙

직원을 아끼고 사랑하는 기업일수록 성장 속도가 빠르며 더불어 이윤도 더 크다고 합니다. 또한 직원들의 책임의식이 강해 업무 능률도 높습니다. 하워드 슐츠 또한 스타벅스의 직원들을 가족처

하워드 슐츠

럼 여기며 살뜰히 대한다고 합니다. 구체적인 내용에 대해서 살펴볼까요?

### 첫째, 직원을 존중하기입니다.

하워드 슐츠는 직원을 아주 소중히 여기는 것으로 유명합니다. 직원이 행복해야 고객들에게도 더 잘하고 자신이 맡은 업무도 성심성의껏 잘한다는 믿음을 가지고 있는 것입니다.

스타벅스는 직원을 종업원employee 대신 파트너partner라고 부릅니다. 요즘은 매니저, 프로 등 호칭이 다양해졌지만 1980년대 당시만 해도 파격적인 호칭이었다고 합니다.

슐츠가 이처럼 직원들을 소중하게 여기는 것은 직원들이야말로 회사와 기쁨과 슬픔을 함께하는 존재라는 생각하기 때문입니다. 그는 직원들에게 의사결정 참여권을 주고, 경영, 계획, 전략 등을 공개적으로 토론하게 함으로써 가족이라는 의미를 심어 주었습니다.

또한 파트타임을 포함해 2년 이상 근무한 직원들에게 스톡옵션(회사의 주식을 일정한 가격에 사서 팔 수 있는 권리)과 의료보험 혜택을 제공합니다.

"우리 회사의 최우선 순위는 직원이고, 그다음이 고객의 만족이다. 종업원이 행복해야 고객도 행복하다. 직원이 고객을 잘 대하면 고객은 다시 찾아올 것이다. 이것이 바로 사업 수익의 원천인 것이다.”

하워드 슐츠의 이 말은 그의 마인드를 짐작하게 합니다. 직원을 소중히 하는 마음이 곧 성공의 지름길입니다.

### 둘째, 직원의 아이디어를 활용하기입니다.

잘되는 회사는 직원들의 아이디어를 잘 활용합니다. 직원들만큼 회사에 대해 잘 아는 사람도 없으니까요. 하워드 슐츠 또한 직원들의 아이디어를 소중하게 여겼습니다. 직원들이 아이디어를 내면 면밀하게 검토한 후 타당성이 있으면 시행함으로써 직원들의 사기를 진작시키고 좋은 결과도 이끌어 낼 수 있었습니다.

‘푸라푸치노’라는 상품명이 있습니다. 이는 원래 커피 커넥션의 상표였는데, 이 회사를 스타벅스가 인수하면서 디나 캠피온이라는 직원이 개발한 혼합음료에 이 상표를 붙이게 되었습니다.

이 혼합음료는 선풍적인 인기를 끌었고, 매출 성장에도 크게 기여했습니다. 1996년 첫 해에 푸라푸치노는 5,200만 달러의 매출을 올렸는데 이는 스타벅스 전체 매출의 7%에 해당하는 것이었습니다.

하워드 슐츠는 이를 계기로 직원들의 아이디어를 더욱더 적극적으로 활용했고, 직원들 또한 긍지와 자긍심이 높아졌습니다. 직원을 회사의 보배로 여기는 마음이 회사에 로켓과 같은 성장 추진력을 발휘한 것입니다.

## 셋째, 직원을 격려하기입니다.

격려는 한 사람의 삶을 완전히 바꿀 만큼 강력한 힘이 있습니다. 슐츠는 직원들의 아이디어를 적극 받아들였을 뿐 아니라 아이디어를 낸 직원을 승진시키는 등 직원들의 성취에 대한 격려도 잊지 않았습니다. 그러자 새로운 아이디어를 내려는 직원들의 열기가 대단했다고 합니다.

티모시 존스라는 매니저는 직접 선곡한 음악을 매장에서 틀었습니다. 그러자 고객들이 그 음악이 담긴 CD를 어디에서 살 수 있는지 문의했고, 그는 본사에 음악 CD 판매 사업을 제안했습니다. 검토 결과, 충분히 시장성이 있다고 판단되어 CD를 제작하기에 이르렀습니다.

그렇게 해서 나온 '블루노트 블렌드' 음반은 선풍적인 인기를 끌었습니다. 커피를 마시러 온 고객이 음반도 샀던 것입니다. 이렇듯 직원을 격려하니 생산적인 아이디어가 마구 쏟아져 나왔고, 스타벅스는 생각지도 못한 성공을 거두게 됩니다.

자기계발 동기부여가 데일 카네기는 격려에 대해 이렇게 말했습니다.

"작은 개선에도 격려하라."

그렇습니다. 작은 발전, 작은 개선, 작은 성공에도 격려하면 그것은 큰 변화를 이끌어 낼 수 있습니다. 슐츠는 격려하고 인정함으로써 스타벅스가 발전할 수 있는 큰 동력을 확보한 것입니다.

하워드 슐츠는 언제나 변화하라고 말합니다. 만일 그가 변화를 가로막는 여러 현실에 지레 포기했다면, 현재의 *성공은 없었을 것입니다. 그러나 지혜롭게도 최악의 상황에서도 변화를 자기 편으로 끌어들임으로써 자신이 원하는 성공 스토리를 쓸 수 있었지요.

나는 어떤 사람인지 스스로 진단해 보기 바랍니다. 나는 변화에 강한지, 아니면 변화를 두려워하는지 말이지요. 만일 변화에 잘 적응한다면 변화를 좇지 말고 리드하세요. 변화를 두려워하는 친구라면 자신의 마인드를 바꿔야 합니다.

스스로를 바꿀 수 있다면 미래는 여러분에게 기대하지 않았던 선물을 보내줄 것입니다.

하워드 슐츠

# 하워드 슐츠의 씽크 포인트

1  자신이 꿈꾸는 것에 대해 간절히 원하고, 적극적으로 실천하며 기초를 튼튼히 다졌습니다.

2  고객을 감동시키고, 고객을 주인으로 모시며 사회적 책임을 지기 위해 노력했습니다.

3  직원을 존중하고, 직원의 아이디어를 적극 활용하며 격려했습니다.

Dreams
come true!

# 영원한 청년 정신을 보여 주다

**존 F. 케네디** John Fitzgerald Kennedy, 1917~1963

米

미국의 제35대 대통령으로 '뉴 프런티어New Frontier' 정책을 내세워
세계 냉전 해소에 지대한 영향을 끼친 정치가.
주요 저서 《위대한 협상》.

———————— '최초의 40대(44세) 미국 대통령'으로 유명한 존
F. 케네디는 미국의 제35대 대통령으로서 '뉴 프런티어New Frontier
정책'을 내세워 미국 국민의 열렬한 지지를 받았습니다. 그는 두
둑한 배짱과 담대함으로 누구 앞에서도 결코 주눅 들지 않는 카
리스마를 지녔지요.

소련의 서기장 흐루쇼프가 쿠바에 미사일 기지를 세우려고 했
을 때 케네디는 철수하지 않으면 소련을 침공할 것이라고 엄중
경고했습니다. 일촉즉발의 위기까지 갔으나 결국 흐루쇼프는 자
신의 계획을 취소하고 말았습니다. 이 일로 케네디는 미국의 위

상을 전 세계에 떨쳤고, 미국 국민에게는 무한한 자긍심을 심어 주었습니다.

케네디의 성공 비결은 끊임없는 열정, 지치지 않는 도전 정신 그리고 식지 않은 청년 정신에 있습니다. 존 F. 케네디는 지금도 미국 국민들이 사랑하는 대통령으로, 영원한 청춘으로 남아 있습니다.

## 도전적이고 진취적인 영원한 청년 정신

케네디는 19세기 후반 아일랜드에서 매사추세츠로 이주한 이민자의 후손입니다. 그는 어려서부터 매우 총명했고, 매사에 당당했습니다. 불의를 보면 참지 못하는 정의로운 성품을 지녔으며, 친구들 사이에서 리더십이 뛰어났고 언변도 좋았습니다.

그의 이러한 성격은 대학(하버드 대학)에 가서도 그대로 이어졌습니다. 어떤 주제를 놓고 토론하기를 즐겼고, 열정적으로 자신의 주장을 관철시키는 집념을 보여 주변 사람들에게 강한 인상을 일찍이 심어 주었지요.

대학을 졸업한 후 해군에 입대해 제2차 세계대전에도 참전하였습니다. 하지만 참전 중 부상을 입어 평생 그 후유증에 시달려

존 F. 케네디

야 했지요. 제대 후에는 INS 통신원으로 UN 창설을 위해 열린 샌프란시스코 회의, 영국 총선거, 포츠담 회담을 취재하는 등 활발하게 활동했습니다.

그가 매사추세츠주 하원의원으로 당선되어 정치에 입문한 것은 1947년입니다. 1953년부터는 상원의원으로 활동하며, 자신의 공약을 최선을 다해 실천해 국민들로부터 많은 인기를 얻었지요. 1961년에는 넘치는 열정과 번뜩이는 지성으로 민주당 대통령 후보로 선거에 나서 44세의 젊은 나이로 35대 대통령으로 당선되었습니다.

케네디가 미국의 최연소 대통령이 될 수 있었던 가장 큰 요인은 무엇일까요?

### 첫째, 담대한 도전 정신입니다.

강한 도전 정신은 자신이 하고자 하는 것을 해낼 수 있게 하는 에너지를 줍니다. 케네디에게는 담대한 도전 정신에서 오는 에너지가 언제나 샘솟듯 솟아났지요.

### 둘째, 조국을 생각하는 간절함이었습니다.

자신의 조국인 미국을 생각하는 마음은 그를 젊은 나이에게 정치에 발을 들여놓게 했습니다. 그리고 그가 대통령이 되게 하는 기폭제가 되었지요.

나이가 젊다고 다 청년이 아닙니다. 청년 정신은 나이와 상관없이 우리의 몸과 마음을 젊게 만들어 줍니다. 청년 정신은 어떤 난관도 두려워하지 않고 도전하게 함으로써 자신이 원하는 것을 이루도록 해줍니다.

이 세 가지가 케네디가 대통령이 될 수 있었던 요소이지요. 그리고 이들 중 가장 크게 작용했던 것은 식지 않는 열정, 영원한 청년 정신이었습니다.

## 대범함과 부드러움을 조율하는 능력자

케네디는 어떤 상황이나 사람 앞에서도 결코 두려워하지 않는 대범함과 강물처럼 흐르는 부드러움을 동시에 가진 사람이었습니다. 그는 상황에 따라 이 두 가지 마음을 적절하게 조화시키며 자신의 진가를 발휘하였답니다.

이러한 그의 장점은 그가 세운 여러 업적을 통해 잘 드러납니다. 그는 '뉴프런티어' 정책을 내세우며, 냉전 해소에 적극 참여함으로써 세계 평화의 주축이 되려 했습니다.

존 F. 케네디

1962년 카리브해 해상 봉쇄를 통해 쿠바 내 소련기지의 강제 철거를 관철시켰고, 소련과 부분적인 핵실험 금지 조약을 맺고 미소간의 해빙기를 이루어 냈습니다.

또한 남미의 여러 나라와 '진보를 위한 동맹'을 결성하고, 평화 봉사단을 통해 후진국을 원조 하며 직극적으로 세계평화에 앞장 섰지요.

그는 자신이 세운 뜻을 이루어 내기 위해 한편으론 강경론으로, 또 한편으로는 한없는 부드러움으로 대응했습니다. 케네디는 강하면서도 부드러운 카리스마를 지닌 현명한 사람이었지요. 이 것이 그를 강한 대통령으로 만든 원동력이었습니다.

대통령으로서 케네디는 정치인과 국민들을 설득하는 탁월한 명 연설가였으며 국민과 정치인들의 마음을 읽어 내는 지혜로운 사람이었습니다.

케네디는 강력한 미국, 세계 민주주의를 이끄는 세계 중심 국가로의 위상을 실현하려는 꿈을 가지고 있었습니다. 그의 주장은 아이젠하워 정권의 침체된 정치에 염증을 느끼던 미국 청년들에게 적극적인 지지를 받았지요.

케네디는 연설을 할 때 "존경하는 미국 시민 여러분", "우리 ~ 합시다."라는 반복된 말로 미국 시민들의 관심을 집중시켰습니다. 그는 이러한 반복적인 어법을 사용해 미국 국민들의 마음을 움직이는 묘한 카리스마를 보였지요.

인류 역사상 많은 권력자들은 강력한 권력으로 국민들을 휘어잡고 통치하려 했습니다. 하시만 케네디는 국민의 뜨거운 감정과 냉철한 이성에 호소하는, 민주 정신을 바탕으로 한 부드러우면서도 강력한 리더십을 지닌 대통령이었습니다.

불행히도 그는 재위 2년 만에 한 청년에 의해 암살을 당해 세상을 떠났지요. 하지만 지금도 존 F. 케네디는 미국 국민과 사랑과 존경을 받으며 미국 역사상 가장 인상적인 대통령 중 한 사람으로 국민들의 뇌리에 남아 있답니다.

# 존 F. 케네디의 **씽크 포인트**

**1** 끊임없는 열정, 지치지 않는 담대한 도전 정신을
가졌습니다.

**2** 조국을 생각하는 간절함이 있었습니다.

**3** 청년 정신을 간직함으로써 영원한 젊음을
구가했습니다.

Dreams
come true!

# 가난과 시련을 이기고
# 위대한 성악가가 되다

**엔리코 카루소** Enrico Caruso, 1873~1921

✳

이탈리아가 낳은 20세기 최고의 슈퍼스타. 세계 최고의 테너.

———————— 가난을 극복하고 자신의 꿈처럼 테너가 된 카루소. 그는 1894년에 그토록 꿈에 그리던 첫 무대에 섰습니다. 서정적인 음색에 아름다운 미성으로 부르는 그의 노래를 들은 사람들은 천상의 목소리를 듣는 것 같다고 칭찬했다고 합니다.

그는 연주회를 하며 성악가로서의 자신의 입지를 탄탄히 굳혀나갔습니다. 예전의 기계공에서 멋지고 의욕 넘치는, 테너 가수로 화려하게 변신하는 데 성공했지요.

1902년 몬테카를로의 오페라 극장과 런던의 코벤트 가든 왕립 오페라 극장 공연에서 성황리에 연주를 마쳤으며, 이듬해에는 뉴욕의 메트로폴리탄 오페라 극장 무대에서 극찬을 받았습니다.

그 후 카루소는 테너 가수로서 최고의 영예를 누리며, 메트로폴리탄 오페라 극장에만 무려 607회나 출연하는 영광을 누렸습니다. 그는 벨칸토 창법의 모범으로 인정받고 있으며, 역사상 가장 위대한 테너로 불립니다.

## 가난 속에서도 좌절하지 않는 긍정의 마음

카루소는 이탈리아 나폴리의 가난한 집안에서 스물한 명의 자녀 중 열여덟 번째 아이로 태어났지만, 위의 형제들이 다 세상을 떠나 곧 맏이가 되었습니다.

가난 때문에 친구들이 학교에 가서 공부를 하는 동안에도 집안일을 거들어야 했지만, 그의 마음은 늘 배움에 대한 열망으로 가득 차 있었지요. 그런 아들을 바라보는 어머니의 마음은 슬픔으로 가득했지만, 현실이 어렵다 보니 어찌할 수 없었다고 합니다.

카루소는 무슨 일을 해서라도 돈을 모아 공부를 해야겠다는 신념으로 열 살 무렵부터 공장에 나가 견습공으로 일했습니다. 그가 그토록 하고 싶었던 공부는 바로 노래 공부였습니다. 그는

엔리코 카루소

노래 부르는 것을 무척이나 좋아했지요.

하루하루가 힘들고 고달팠지만, 꿈이 있기 때문에 그 정도의 고생은 얼마든지 참아낼 수 있었습니다. 카루소의 가슴엔 긍정의 에너지가 언제나 샘물처럼 솟아났으니까요.

 ## 꿈을 설정하고
## 꿈을 향해 도전하다

카루소는 돈을 모아서 자신의 꿈을 키워 줄 선생님을 찾아갔습니다. 선생님은 가수가 되고 싶다는 그의 말에 노래를 불러 보라고 했습니다. 카루소는 떨리는 마음을 진정시키고, 평소 갈고닦은 노래를 멋지게 불렀습니다. 그리고 노래를 부르고 난 다음 약간 긴장된 눈빛으로 선생님을 바라보았지요.

선생님은 고개를 좌우로 흔들고는 다음과 같이 말했습니다.

"그런 목소리로는 좋은 가수가 될 수 없단다. 아쉽겠지만 노래에 대한 꿈을 접고, 다른 꿈을 정해 도전하는 편이 나을 거야."

혹평을 들은 카루소는 다소 의기소침했지만, 그렇다고 가수가 되겠다는 꿈을 포기하지는 않았습니다. 오히려 자신의 노래에 대한 열정을 더욱 키워 나갔습니다.

그런 카루소의 곁에는 누구보다 자신을 사랑하고 믿어 주는 어머니가 있었습니다. 어머니는 언제나 한결같은 믿음과 지지를 보냈고, 아들의 음악 레슨비를 마련하기 위해 신발 없이 생활하기도 했습니다. 카루소는 자신을 위해 애쓰는 어머니를 볼 때마다, 어머니의 아낌없이 칭찬과 격려를 받을 때마다 더 열정적으로 노래 연습을 했습니다.

그런데 그가 열다섯 살 되던 해에 어머니가 세상을 떠나고 맙니다. 카루소는 아무리 힘들고 외로워도 어머니를 생각하며 무대를 지켰습니다.

결국 카루소는 고향 나폴리를 떠나 밀라노 스칼라 극장의 주인공이 되었고, 미국으로 건너가 세계 최고의 오페라 극장인 메트로폴리탄 오페라에서 자신의 존재를 널리 알리게 되었습니다.

 ## 팬을 대하는 겸손하고 진실한 자세

대부분의 예술가는 개성이 강하고 자존심도 셉니다. 유명하기까지 하다면 콧대가 더욱 하늘을 찌르겠지요. 그러나 카루소는 달랐습니다. 그는 팬이 원하면 장소를 가리지 않고 어디에서든 노래를 불렀습니다.

그의 진정성을 알지 못하는 사람들은 자존심이 없는 가수라며

엔리코 카루소

카루소를 비웃고 조롱했지요. 팬을 위하는 마음이 남달랐던 그를 잘 보여 주는 일화가 있습니다.

카루소가 친구와 함께 뉴욕에서 가장 멋진 식당에 갔을 때의 일입니다. 한눈에 카루소를 알아 본 종업원은 주방장에게 그의 방문을 알렸습니다. 주방장은 카루소 앞으로 달려와 공손하게 인사했습니다.

"어서 오십시오. 이렇게 찾아 주셔서 영광입니다. 언젠가는 한 번 꼭 오시리라 믿고 있었습니다."

"아니, 어째서 나를 그토록 기다렸습니까?"

"선생님의 훌륭한 노래를 가까이에서 듣고 싶었기 때문입니다. 선생님께서 식당에 오시면 노래를 청해 듣기로 저희 모두가 간절한 마음으로 고대하고 있었답니다."

"그래요? 그렇다면 노래를 해야겠군요."

카루소는 자리에서 벌떡 일어나 무반주로 그 어느 때보다도 힘차게 노래를 불렀습니다. 주방장과 식당 종업원들은 물론 손님들까지 세계적인 성악가의 노래를 코앞에서 듣게 된 것이지요.

모두가 그 사실에 감격해 넋을 잃고 그의 목소리에 귀 기울였습니다. 노래가 끝나자 식당 안은 박수와 환호성으로 가득찼습니다.

함께 온 친구가 조금은 못마땅한 표정으로 말했습니다.

"카루소, 자네답지 않게 어떻게 이런 곳에서 노래를 부르는가?"

그러자 카루소가 웃으며 말했습니다.

"식당에서 노래를 부르는 내가 이상한가?"

"자네가 누군가. 세계 최고의 테너가 아닌가? 그런데 자네의 위치에 걸맞지 않게 이런 곳에서 노래를 하다니."

"하하, 이 사람. 내가 뭐 그리 대단한 사람이라고. 나는 내 노래를 이해하고, 듣고 싶어 하는 사람이 있다면 그곳이 어디든, 몇 명이 있든 상관없다네. 단 한 사람 앞에서라도 노래할 생각이 있어."

카루소의 말을 들은 친구는 그의 폭넓은 예술 정신과 열정에 감복해 평생 그를 존경했다고 합니다.

'내 노래를 듣고자 하는 사람이 단 한 사람이라 할지라도 그곳이 또한 어디라 할지라도 나는 노래를 부르겠다. 그것이 나의 의무이다.'

어때요? 카루소의 예술가 정신이 느껴지지 않나요? 이렇듯 카루소는 팬들을 위할 줄 아는 프로 정신이 매우 투철한 사람이었습니다.

그가 아직까지 성악 애호가들에게 사랑과 존경을 받는 것은, 바로 이러한 겸손함과 포기를 모르는 열정 덕분일 것입니다. 그리하여 그는 세상을 떠난 지 100년이 지난 지금까지도 많은 사람의 마음속에 위대한 성악가로 남아 있습니다.

# 엔리코 카루소의 씽크 포인트

✦

1. 성실한 자세와 멈출 줄 모르는 도전 정신으로

세계적인 테너가 되었습니다.


2. 꿈을 향한 열정 앞에 가난은 장애가 되지 않았습니다.


3. 팬을 위하는 마음이 남달랐으며 늘 겸손하게

최선을 다했습니다.

Dreams
come true!

# 천재성, 열정과 인간성과 결합하다

**빌 게이츠** Bill Gates, 1955~

米

미국 마이크로소프트사 CEO. 열린 경영의 귀재.
저서 《빌 게이츠 생각의 속도》.

──────── 열정적인 자선가이자 열린 경영의 귀재로 평가
받는 마이크로소프트사의 회장 빌 게이츠. 큰 키에 어깨는 구부
정하고 안경 너머 순하게 보이는 눈을 가지고 있습니다. 이렇듯
다소 평범해 보이는 그의 모습 뒤엔 엄청난 에너지가 있고, 열정
과 아이디어가 넘쳐흐릅니다.

한편으로 그는 자신이 번 돈을 제대로 쓸 줄 아는 사람이기도
합니다. 그는 컴퓨터의 발전을 위하는 일이라면 어디든 가리지
않고, 아낌없이 후원하고 있습니다. 우리나라도 그의 후원금을
받은 국가 중 하나이지요. 또한 그는 빌 게이츠 재단을 설립해 가

난하고 소외받은 사람들을 지원하고 있습니다.

그는 직원이 5만 명이 넘는 거대한 회사를 운영하면서도, 다양한 분야에서 자신의 열정을 바쳐 일하고 있습니다. 어떤 수식어로도 그의 능력을 평가하기란 역부족일 것입니다. 거기에 강한 인류애까지 갖춘 그는 가장 존경받는 기업인으로 손꼽힙니다.

## 자유로운 사고와
## 독창성을 중시하다

빌 게이츠는 1955년에 미국 워싱턴주 시애틀에서 태어났습니다. 그가 컴퓨터와 인연을 맺은 것은, 열세 살 때 레이크사이드 스쿨에 입학하면서부터입니다.

컴퓨터는 그에게 새로운 세계를 열어 주었고, 그의 관심을 온통 사로잡았지요. 마이크로소프트사의 공동 창업자인 폴 앨런을 만난 것도 레이크사이드 스쿨에서입니다.

빌 게이츠는 컴퓨터에 깊은 관심을 갖고 중 고등학교 시절을 보냈습니다. 그리고 1973년 세계 최고의 명문 하버드 대학교 법학과에 입학하였지요. 그러나 딱딱하고 지루한 법률 공부는 자유로운 사고와 독창성을 지닌 그와 잘 맞지 않았습니다.

자신의 진로에 대해 신중히 생각한 끝에 수학과로 과를 옮겼

빌 게이츠

지만, 수학 공부 또한 잘 맞지 않았습니다. 그럼에도 열심히 공부해 대학생 신분으로 전문 학술지에 논문을 실을 정도로 뛰어난 성취를 이루었다고 합니다.

빌 게이츠는 생각이 자유롭고 활달했으며 매우 독창적이었습니다. 그러한 그의 특성과 컴퓨터는 잘 맞았습니다. 그는 컴퓨터에 자신의 꿈을 싣고 노력을 다 바쳤습니다. 그 결과 마이크로소프트사를 세계적인 기업으로 키우며 컴퓨터 황제라는 칭호를 얻었지요. 컴퓨터는 빌 게이츠에게 있어 그의 일생을 바꾸어 놓은 운명과도 같은 존재였습니다.

 ## 삶은 원하는 대로 이루어진다는 신념을 믿다

빌 게이츠는 대학에서 공부를 하면서도 폴 앨런과 함께 최초의 소형 컴퓨터용 프로그램 언어인 베이직BASIC을 개발해 냈습니다. 그러나 공부와 컴퓨터 일을 병행한다는 것이 시간적으로 맞지 않아 대학을 중퇴하였습니다. 그리고 뉴멕시코주 앨버커키에 마이크로소프트사를 설립하였지요.

1981년 당시 세계 최대의 컴퓨터 회사인 IBM사로부터 퍼스널 컴퓨터에 사용할 운영체제 프로그램 개발을 의뢰받아 성공적으로 완수하였습니다. 그 일은 그에게 지금의 마이크로소프트사를 만드는 기틀이 되어 주었습니다.

빌 게이츠의 가슴속엔 늘 뜨거운 열망이 있었습니다. 그는 세계의 모든 책상에 컴퓨터를 놓겠다는 꿈을 위해 온 정열을 다 바쳐 일했습니다.

그는 삶은 원하는 대로 이루어진다는 굳은 신념을 한 번도 그의 가슴으로부터 떠나보낸 적이 없었습니다. 그러한 신념을 온 마음과 몸으로 실천하여 오늘의 마이크로소프트사를 이뤄 냈던 것입니다.

## 열린 경영으로
## 셰어 포인트를 활용하다

빌 게이츠의 경영 방식은 매우 독특하고 독창적이었습니다. 그는 대개의 기업이 적용하고 있는 일률적인 경영 시스템에서 벗어나, 전 직원이 자신의 의견과 아이디어를 맘껏 발산할 수 있는, '셰어 포인트'라는 소프트웨어를 활용했습니다.

그의 사무실에는 특이하게 화이트보드가 있습니다. 이 화이트보드는 그가 직원들과 브레인스토밍 방식으로 아이디어 회의를 할 때 활용됩니다. 마이크로소프트사의 사무실 곳곳에 이 화

빌 게이츠

이트보드가 배치되어 있는데, 여기에 펜으로 글을 쓰거나 그림을 그리면 자동으로 캡쳐가 되어 데스크톱과 태블릿 PC로 보내집니다.

이러한 아이디어들은 그의 태블릿 PC에 입력되어 중요한 회의나 결정을 할 때 유용하게 활용될 뿐 아니라, 실제로 채택되어 회사의 경영에 즉각 반영되기도 합니다.

이런 시스템은 직원들의 애사심을 높일 뿐 아니라, 자신이 회사의 주인이라는 의식을 심어 줍니다. 그 덕분에 마이크로소프트사는 세계 최대, 최고의 컴퓨터 회사로 성장한 것입니다.

빌 게이츠가 가장 닮고 싶고, 신뢰받는 CEO로 선정된 것은 그가 단지 회사 경영을 잘하기 때문만이 아닙니다. 그의 천재성은 따뜻한 인간성과 박애 정신, 더 나은 컴퓨터를 개발하고자 하는 열정이 있어, 더욱 빛을 발하는 것입니다. 그는 살아 있는 신화 그 자체라 할 수 있습니다.

# 빌 게이츠의 씽크 포인트

**1** 자유로운 사고와 독창성을 중시하였습니다.

**2** 삶은 원하는 대로 이루어진다는 신념의 법칙을

믿었습니다.

**3** '셰어 포인트' 소프트웨어를 활용해,

직원들의 아이디어를 적극 반영하였습니다.

Dreams
come true!

# 입체적인 생각으로
# 빛깔 있는 길을 가다

**파블로 피카소** Pablo Ruiz Picasso, 1881~1973

✳

스페인 화가. 입체파의 선구자. 20세기 최고의 화가.
대표작 〈아비뇽의 처녀들〉 외 다수.

──────── 20세기 미술을 대표하는 예술가인 피카소. 5척
단신에서 뜨거운 에너지가 뿜어져 나오는 그의 모습엔 재능이 넘
쳐흐릅니다. 활동 초창기에는 고갱과 고흐의 영향도 많이 받았는
데, 파리의 구석진 다락방에서 추위와 가난을 견디며 그림에 몰
두했습니다.

20대 중반 파리에서 인정받는 화가가 된 피카소는 기욤 아폴
리네르를 만났고 정물화의 대가 마티스와도 교유하였습니다. 하
지만 화풍은 세잔의 영향을 받아 점차 단순화되었고, 1907년 대
표작으로 평가받는 〈아비뇽의 처녀들〉을 그립니다. 그리고 이 무

렴 조르주 브라크와 함께 입체주의 미술 양식을 창안하고 입체주
의를 완성해 니갑니다.

피카소는 한 예술가의 예술적 행위가 사람들에게 미치는 영향
이 얼마나 크고 위대한지를 가장 잘 보여 주는 화가 중 한 사람입
니다.

## 뛰어난 재능과 열정
## 끝없이 미술을 탐구하다

피카소는 1881년 에스파냐 말라가에서 태어났고, 아버지는 미술
교사였습니다. 말을 배우기 시작할 때부터 그림을 그렸고, 아버
지가 그림 작업을 할 때면 항상 그 모습을 뚫어지게 바라보았습
니다. 어린 피카소의 표정은 불꽃 같은 끼가 느껴질 정도였다고
합니다. 그에게 그림은 운명 같은 존재였다는 것을 알 수 있지요.

피카소가 14살 때 바르셀로나로 이사를 하였는데, 이때부터
그는 미술학교에 들어가 본격적으로 미술 공부를 시작하였습니
다. 마드리드에 있는 왕실 미술학교에도 잠시 다녔으나 17세에
다시 바르셀로나로 돌아왔습니다.

10대의 피카소는 새로운 미술 세계에 매우 관심이 많았는데,
당시 프랑스와 북유럽의 미술 운동에서 많은 자극을 받았다고 합

니다. 특히 르누아르, 툴루즈, 뭉크 등의 화법에 매료되어 그 영향을 많이 받았습니다.

피카소는 19세에 엘스 쿠아트레 가스트라는 카페에서 첫 전시회를 열었는데, 그중 한 작품이 그해 말 파리 만국박람회에 출품되면서 1900년 10월 태어나서 처음으로 프랑스 파리를 방문하게 됩니다. 아마 그에겐 파리 거리 전체가 거대한 미술학교 같았을 것입니다.

그는 파리의 박물관과 미술관을 찾아다니며 인상파 화가들의 그림에 넋을 잃었고, 드가, 로트레크, 고흐, 고갱의 그림을 정열적으로 탐구했습니다. 피카소가 "유일한 스승"이라고 했던 세잔의 그림도 이때 처음 만납니다.

이 무렵 그의 절친했던 벗 카사헤마스가 숨을 거둡니다. 이후 피카소가 그린 그림은 대부분 우울과 슬픔을 담았고, 그림의 색조 역시 역시 푸른색이었습니다. 그래서 이 시기를 '청색 시대'라 부릅니다.

어린 청년이었던 피카소는 세 차례의 귀향을 거듭한 끝에 1904년에 몽마르트에 완전히 정착하게 되는데, 1904년부터 1906년까지 그의 작품의 주조를 이루는 색은 밝은 장밋빛이었습니다. 이때를 '장밋빛 시대'라 부르는데, 이 시기는 피카소가 처음 사랑에 빠졌던 때이기도 합니다.

피카소는 작품을 통해 자신의 세계를 새로 세우고 부수기를 거듭했습니다. 세밀화, 원근법 등 서양 미술이 답습하던 전통을 깨부수며, 아프리카 흑인 조각의 영향을 받은 〈아비뇽의 처녀들〉을 완성시켰지요.

이러한 그의 관심은 입체주의로 이어집니다. 조르주 브라크와 함께 작업하며 20세기 초 미술계에 입체주의 운동을 일으킵니다. 이렇듯 피카소는 미술을 향한 열정과 탐구욕으로 자신만의 빛깔을 찾는 작업을 쉬지 않고 이어 갔습니다.

## 입체적인 생각, 다양한 실험 정신

피카소는 조르주 브라크를 만나 본격적인 입체파 운동을 벌이며, 1909년에는 '분석적 입체파', 1912년에는 '종합적 입체파' 시대에 들어갔습니다.

그러는 동안 그는 이미 20세기 회화의 최고 거장으로 자리매김하였지요. 이후에도 피카소는 신고전주의와 초현실주의로 실험을 하고, 입체파에서 아이디어를 얻는 등 다재다능한 활동을 벌입니다.

1915년엔 〈볼라르상〉과 같은 사실적인 초상을 그리고, 1920년부터는 〈세 악사〉 등의 신고전주의를, 1925년에는 제1회 '쉬르레

파블로 피카소

알리스즘전'에 참가하였습니다.

투우도 그리고 판화도 했으며, 전쟁의 비극과 잔학상을 그린 대벽화 〈게르니카〉도 완성했습니다. 그리고 이때 그만의 표현주의로 불리는 기이한 표현법도 나타났지요.

피카소의 다양한 예술적 변신은 한곳에 머무르지 않고 지속적으로 시도되었는데, 그 분야를 살펴보면 도자기를 굽고, 석판화를 제작했으며, 한국 전쟁을 테마로 한 〈한국에서의 학살〉, 〈전쟁과 평화〉 등의 대작을 제작하여 현대 미술의 리더로서 자신의 실력을 유감없이 보여 주었습니다.

파블로 피카소가 많은 화가들을 제치고 20세기를 대표하는 거장으로 평가받는 것은 이렇듯 끊임없이 창조적 시도를 하고. 변신할 때마다 자신만의 개성을 유감없이 보여 주었기 때문일 것입니다.

그의 일거수일투족은 늘 관심의 대상이었고, 그가 시도하는 작품은 언제나 센세이션을 불러 일으켰습니다. 지금도 그의 작품은 가장 가격이 높은 것으로 유명한데, 이는 그만큼 독특하고 예술적 가치가 뛰어남을 의미합니다.

이렇듯 그의 독보적 작품 세계는 타의 추종을 불허하는 것이었습니다.

## 개성에서 뿜어져 나오는
## 빛깔 있는 작품

피카소의 작품은 선이 단순합니다. 이는 입체적인 그의 화풍을
보다 잘 시도하기 위한 것일 수도 있지만, 그것은 이미 하나의 트
레이드마크처럼 정형화되었지요.

색채 또한 〈아비뇽의 처녀들〉이나 〈우는 여인〉에서 보듯 질
감을 그대로 살리고, 강렬하지만 지극히 단순합니다. 그러나 그
그림을 바라보고 있으면 입체적인 질감에서 오는 독특함의 매력
을 느끼게 되지요.

피카소가 쟁쟁한 경쟁자들 속에서도 돋보이는 이유는 무엇인
지 살펴보기로 하겠습니다.

첫째, 끊임없는 다양한 미술적 실험 정신입니다.

피카소가 20세기 현대 미술의 거장으로 자리매김한 것은, 그
의 끊임없는 다양한 미술적 시도에 있습니다. 또한 그는 한곳에
안주하기보다는 새로운 것을 찾아 창조적인 열정을 기울였고 반
드시 성공으로 이끌어 냈습니다.

둘째, 생각을 실천으로 옮기는 능동적이고 활달한 작품 활동
에 있습니다.

피카소는 진정한 예술적 가치는 늘 변화하는 데 있다고 믿고, 자신의 생각을 실천으로 옮긴 행동하는 미술가이지요. 그의 능동적이고 활달한 작품 활동은 그래서 더 빛났고, '예술은 이런 것이다'라는 것을 온몸으로 보여 준 살아 있는 미술 교과서와도 같았지요.

### 셋째, 남의 것을 내 것으로 새롭게 재창조하였습니다.

피카소는 자신의 것을 지키면서도 남의 것을 받아들여, 내 것으로 만드는 예술적 재창조에 발군의 실력을 보였습니다. 예술은 모방에 의한 재창조라는 말이 있듯, 피카소는 그것을 누구보다도 잘 적용시켜 성공으로 이끌어 냈지요. 그는 예술적 눈이 밝고 예술적 틀이 견고한 화가였습니다.

피카소가 자신의 창작 세계를 단단하게 구축할 수 있었던 것은 새로운 생각, 새로운 시도, 새로운 가치 창조에 있습니다. 새롭지 않고는 새로운 가치를 얻을 수 없지요. 이에 대해 프리드리히 니체는 이렇게 말했습니다.

"인간은 늘 껍질을 벗고 새로워진다. 그리고 항상 새로운 생을 향해 나가야 한다."

니체의 말에서 보듯 과거에 갇혀 정체되지 않으려면 늘 새로운 마음으로 새로운 생각의 문을 열고, 새로운 가치를 향해 나아가야 합니다. 피카소의 성공 포인트는 바로 새로운 가치 창조에 있다고 할 수 있을 깃입니다.

# 파블로 피카소의 씽크 포인트

◆

1️⃣ 끊임없이 시도하는, 다양한 미술적 실험 정신을

가졌습니다.

2️⃣ 생각을 실천으로 옮겨 능동적이고 활발한 작품 활동을

했습니다.

3️⃣ 남의 것을 내 것으로 새롭게 재창조하는 능력이

뛰어났습니다.

Dreams
come true!

# 발상하고 발상하여 새로움을 발상하다

**파울로 코엘료** Paulo Coelho, 1947~

\*

브라질 출신 소설가. 1986년 《순례자》로 데뷔.
대표작 《연금술사》, 《베로니카 죽기로 결심하다》,
《피에트라 강가에서 나는 울었네》, 《11분》, 《오자히르》 외 다수.

———————— 브라질 출신의 세계적 작가 파울로 코엘료. 그는 대표작 《연금술사》로 우리에게 매우 친숙한 사람이지요. 자아를 찾아가는 한 젊은이의 여정을 그린 《연금술사》는 마치 한 편의 동화 같아서 어린 왕자의 순수성을 보는 듯한 착각마저 들게 합니다. 《연금술사》는 전 세계적으로 3,000만 부나 팔린 베스트셀러이기도 합니다.

그의 다른 작품으로는 《베로니카 죽기로 결심하다》, 《피에트라 강가에서 나는 울었네》, 《11분》, 《오자히르》 등이 있는데 그의 작품은 성경을 우화로 풀어쓴 듯 가깝게 다가옵니다.

그는 프랑스 정부로부터 '레지옹 도뇌르' 훈장을 받는 등 여러 차례 국제적인 상을 받았습니다. 그리고 브라질에 '코엘료 인스티튜트'라는 비영리단체를 설립해 빈민층 어린이와 노인들을 위한 자선사업을 벌이고 있습니다.

또한 그는 2007년부터 유엔평화대사로 임명되어 활동하고 있습니다. 한마디로 그는 누구보다도 치열하게 살아왔고, 그 결과 행복하게 살아가는 이 시대의 위대한 작가라 할 수 있습니다.

## 다양한 경험을 통해 새로운 인생을 만들다

파울로 코엘료의 삶은 기복이 매우 심했습니다. 그는 여러 사람이 겪었음직한 일들을 혼자서 겪어 냈습니다. 한 사람의 인생이라고는 보기 어려울 만큼 그의 지난 삶에는 다양한 경험이 녹아 있습니다.

그는 꿈 많은 10대 시절 세 차례나 정신병원에 입원한 병력을 가지고 있습니다. 청년 시절에는 브라질 군사 독재에 항거하며 반정부 활동을 펼치다 두 차례나 감옥에 갇히고 고문까지 당했습니다.

그 후 그는 히피 문화에 빠져 록밴드를 결성했고, 120여곡을 써서 브라질 록음악에 막대한 영향을 끼쳤습니다. 그리고 저널리스트, 배우, 희곡 작가, 연극 연출가, 텔레비전 프로듀서 등 다양한 분야에서 일하며 자신의 영역을 넓혀 나갔지요.

그는 1982년 떠난 유럽 여행에서 신비로운 체험을 했습니다. 이는 그가 새로운 길로 나아가게 하는 계기가 되었지요. 그는 세계적인 음반 회사의 중역 자리를 미련 없이 버리고 산티아고 데 콤포스텔라로 순례를 떠났습니다. 순례 길은 그에게 새로운 세계를 보여 주었지요. 그것은 천상의 세계에나 있을 법한 영적인 체험이었습니다.

생텍쥐페리가 아프리카 사막에 불시착한 후 했던 신비로운 체험을 통해 명작 《어린 왕자》를 썼듯이, 코엘료 또한 자신이 경험했던 것을 《순례자》라는 소설로 쓰며 작가의 길로 들어섰습니다. 그리고 이듬해 발표한 《연금술사》를 통해 막대한 돈과 명성을 얻고, 세계적인 베스트셀러 작가의 반열에 오르게 되지요.

파울로 코엘료가 했던 다양한 삶의 경험들은 그가 소설을 쓰는 데 큰 역할을 하며 그의 작품을 빛내 주었습니다.

한 사람이 겪었다고 믿기지 않을 정도로 온갖 경험을 다한다는 건 때로 고통일 수 있습니다. 어떻게든 살아보려고 그렇게 한 것이라면 더욱 그렇지요. 하지만 그마저도 긍정적 마인드로 받아들일 수 있다면 새로운 삶을 만들어 가는 데 큰 도움이 될 것입니다.

## 자신이 하고 싶은 일을
## 간절하게 생각하고 실천하다

파울로 코엘료는 "무언가를 간절히 원하면 온 우주가 나서서 원하는 것을 얻도록 도와줄 것."이라고 말했습니다. 그가 세계적인 작가가 될 수 있었던 것 또한 무언가를 간절히 원할 때 온 우주가 소망이 실현되도록 도와준다는 믿음과 그 믿음을 실행에 옮기는 열정의 결과였습니다.

자신이 했던 온갖 경험들을 그저 기억으로만 남겨 두었다면 작가가 될 수 없었겠지요. 여행을 통해 새로운 경험을 하지 않았다면 《연금술사》 같은 작품은 쓰지 못했을 것입니다. 새롭게 시도하는 일을 적당히 했다면, 작가는 되었을지언정 세계적인 작가는 되지 못했겠지요.

코엘료의 에세이 《흐르는 강물처럼》을 읽어 보면 그의 철학을 알 수 있습니다. 그는 삶을 즐기며 언제나 역동적으로 삽니다. 세계 곳곳을 여행하며 꾸준히 새로운 소재를 찾기 위해 노력하니까요.

그리고 그는 자신이 하는 일을 매우 소중하게 생각합니다. 그래서 사람들을 만날 때도 흐트러지지 않는 모습으로 믿음을 주려합니다. 무엇보다 자신이 하는 일에 철저합니다. 그런 까닭에 늘 간절하게 자신이 하는 일에 임합니다. 최선을 다하는 열정은 거

파울로 코엘료

기에서 나오는 것이지요.

감나무 밑에 누워 아무리 입을 벌리고 있어 봤자, 벌레 먹어서 썩은 감만 떨어질 뿐입니다. 싱싱하고 탱글탱글한 감은 장대로 따거나 직접 따기 전에는 손에 넣을 수 없습니다.

가만히 앉아 말로만 원한다고 떠들어 본들, 아무것도 이루어지지 않으며 바뀌는 것도 없습니다. 파울로 코엘료의 성공은 자신이 원하는 것을 간절히 바라고 실천에 옮겼기 때문임을 잊지 말아야 할 것입니다.

## 코엘료의 인생철학과 삶의 가치관

인생의 변화는 저절로 이루어지지 않습니다. 변화에 대한 갈망과 그에 대한 열정이 함께 해야 하지요.

코엘료의 삶은 한마디로 파란만장 자체입니다. 정신병원에 입원하는가 하면, 감옥에 갇혀 고문을 당하기도 했지요. 그런데 누군가에겐 트라우마로 남았을 이 경험이 그에게는 소설을 쓰는 자원이 되고 에너지가 되어 주었습니다. 그가 거쳐 갔던 다양한 직업들은 소설 속 여러 등장인물의 삶을 풀어내는 데 중요한 역할을 했고요.

한 사람이 삶을 살아가는 데 있어 좋은 경험이든 나쁜 경험이든 다 소중한 가치를 지닙니다. 코엘료는 다채로운 경험을 통해 세상을 보는 통찰력을 길렀고, 삶의 소중함과 가치를 깨달았습니다. 이러한 깨달음 덕에 '무엇이든 간절히 원하면 반드시 이루어진다'는 인생 철학도 가질 수 있었던 것입니다.

코엘료의 성공 포인트는 다음과 같습니다.

### 첫째, 다양한 경험을 통해 새로운 생각을 만들었습니다.

그는 그럼으로써 새로운 삶의 가치를 보여 줄 수 있는 작품을 쓸 수 있었습니다.

### 둘째, 발상에 몰입하는 집중력이 뛰어납니다.

록음악 작곡가, 극작가로도 활동했던 것을 보면 코엘료는 소설뿐 아니라 여러 분야에서 자신의 발상을 작품으로 완성시키는 집중력이 뛰어났음을 알 수 있습니다.

### 셋째, 자신에게 충실하고 믿음에 대한 확신이 뚜렷합니다.

그가 저널리스트, 배우, 극작가, 연극 연출가, 텔레비전 프로듀서, 음반 회사 등 다양한 분야에서 일을 하면서 자신의 영역을 넓혀 나갈 수 있었던 힘은 무엇일까요? 그만큼 자신이 하는 일에 충실히 임했음을 알 수 있습니다. 그렇지 않았다면 한 가지 일도 제대로 해낼 수 없었을 것입니다.

또한 간절히 원하면 무슨 일이든 이루어진다는 확신은 그가 자신이 원하는 일을 성공적으로 해낼 수 있게 하는 강력한 에너지가 되었습니다. 자신의 일을 성공적으로 해낸 사람들의 공통점 중 하나가 자기 믿음에 대한 확신입니다.

이에 대해 자기계발 전문가이자 저술가인 노만 V. 필 박사는 다음과 같이 말했습니다.

"우리는 신체를 돌보는 것과 마찬가지로 정신을 돌보지 않으면 안 된다. 정신을 건강하게 하기 위해서는 건전한 사고라는 영양분을 공급해야 한다. 오늘부터 소극적인 사고방식을 적극적인 사고방식으로 바꾸어라.

그러기 위해서는 우선 신약성경부터 읽기 시작하자. 그리고 신앙에 관한 모든 문장에 줄을 긋자. 마태, 마가, 누가, 요한 등 4복음서의 신앙에 관한 모든 것에 줄이 그어질 때까지. 특히 마가복음 (11장 22~24절)은 적어 두자.

이들 각 절은 줄을 그어 잠재의식 가운데 깊이 새겨 두면 적극적인 사고를 하는데 도움이 될 것이다."

노만 V. 필 박사가 말한 대로 때로 자기 자신에 대한 믿음은 이러한 신앙이 작용할 때 보다 더 확실해지기도 합니다.


코엘료의 성공은 바로 앞의 세 가지 마인드를 통해 이뤄 낸 것

이지요. 코엘료의 인생 철학과 삶의 가치관을 배워 실행에 옮긴
다면 자신의 인생을 보다 더 가치 있게 하는 데 큰 힘이 될 것입
니다.

파울로 코엘료

# 파울로 코엘료의 씽크 포인트

**1** 다양한 경험을 통해 새로운 생각을 만들어냈습니다.

**2** 발상에 몰입하는 집중력이 뛰어납니다.

**3** 자신에게 충실하고 믿음에 대한 확신이 뚜렷합니다.

Dreams
come true!

# 생각 하나로 석유회사 셸을 창업하다

**마커스 새뮤얼** Marcus Samuel, 1853~

✳

유대인으로서 탱커(유조선)를 발명한 발명가이자
세계적 석유회사 셸을 창업한 CEO.

———————— 세계 굴지의 석유회사 셸의 창업자인 마커스 새
뮤얼. 셸의 상징물은 특이하게도 조개입니다. 독수리도 아니고
사자도 아니고 왜 하필이면 흔하디흔한 조개일까요? 창업자인 새
뮤얼은 유대인으로 런던에서 고등학교를 졸업하고 일본으로 갔
습니다. 당시 그의 수중에는 달랑 5파운드뿐이었지요.

그는 낯선 일본 땅에서 살아가려면 어떻게 해야 할지를 생각
한 끝에 조개껍데기를 주워 가공했습니다. 그리고 그것을 런던에
있는 아버지에게 보냈는데 날개 돋친 듯 팔렸지요. 새뮤얼 또한
일본에 가게를 냈는데 반응이 가히 폭발적이었습니다.

그 후 그는 탱커(유조선)를 직접 디자인해서 석유 수송에 이용하며 많은 돈을 벌었습니다.

새뮤얼이 조개를 셸의 상징물로 한 이유는 조개껍데기가 준 아이디어가 성공에 크게 기여했기 때문이지요. 이렇듯 그는 무에서 유를 창조한 입지전적인 인물입니다.

## 강인한 도전 정신과
## 강건한 실천적 의지

마커스 새뮤얼이 고등학교를 졸업하자 노점상을 하는 그의 아버지는 일본으로 가는 배 3등 선실 티켓을 그에게 선물로 주었습니다. 그의 아버지는 어린 아들에게 집안을 도울 아이템을 찾아보라고 당부하였지요.

일본으로 가는 배에 올라 푸른 파도가 넘실대는 망망대해를 마주하자 그는 가슴이 탁 트이는 기분을 느꼈습니다. 순간 뜨거운 무언가가 아래로부터 치고 올라왔지요. 그것은 미지의 세계를 향한 부푼 희망이었습니다. 그는 두 주먹을 불끈 쥐었습니다.

오랜 항해 끝에 드디어 새뮤얼은 종착지인 일본에 도착하였습니다. 가진 게 없던 그는 어느 바닷가에 있는 허름한 오두막에서 며칠을 보내며 아버지가 한 말을 곰곰이 생각했습니다.

마커스 새뮤얼

"앞으로 네가 무엇을 할 것인가를 진지하게 생각해 보거라. 그리고 반드시 그 해답을 찾기 바란다."

그는 바닷가를 거닐다 일본인들이 쪼그리고 앉아 열심히 무엇인가를 하는 걸 보게 되었지요. 궁금증이 일어 가까이 다가가 보니 모래를 파고 조개를 잡고 있었습니다.

그때 그의 눈을 번뜩이게 하는 것이 있었지요. 그것은 반짝반짝 빛나는 조개껍데기였습니다. 순간 조개껍데기로 단추나 담배 케이스 등을 만들면 좋겠다는 아이디어가 떠올랐습니다.

그때부터 마커스 새뮤얼은 부지런히 조개껍데기를 주웠습니다. 그리고 그것을 가공해서 런던에 있는 아버지에게 보냈지요. 그런데 놀라운 일이 벌어졌습니다. 그의 아버지가 수레에 담아 팔았는데, 조개껍데기로 만든 단추, 담배 케이스, 액세서리들이 날개 돋친 듯이 팔렸던 것입니다.

얼마 후 그의 아버지는 가게를 열었고, 곧이어 가게는 2층이 되고, 3층이 되고, 빈민가에서 도심지로 옮겨 갔습니다. 일본에 있던 그 역시 많은 돈을 벌었지요.

이후 마커스 새뮤얼은 생각에 생각을 거듭한 끝에 석유 사업에 도전하였습니다. 그런데 먼 거리까지 석유를 운송하는 것이 문제였지요. 그래서 그는 곰곰이 생각한 끝에 탱커(유조선)를 직접 디자인했습니다. 탱커의 발명으로 그는 억만장자가 되었지요.

## 사물을 허투루 보지 않는
## 새로운 시각의 발현

마커스 새뮤얼은 자신이 보고 듣고 느낀 모든 것을 허투루 하는 법이 없었습니다. 그의 눈과 귀는 언제나 새로운 것을 향해 열려 있었고, 그의 손은 언제나 새로운 것을 만들기를 원했습니다. 그의 성공 뒤에는 주변을 세심히 살필 줄 아는 새로운 시각이 있었습니다.

일본인들은 숱하게 바다를 오가면서도 어느 누구하나 조개껍데기를 가공해 액세서리를 만들 생각을 하지 못했습니다. 하지만 그는 세심하게 관찰한 끝에 쓸모없이 버려진 조개껍질을 제품화하는 데 성공했던 것입니다. 이것이 바로 그의 강점이자 성공 비결이었습니다.

그러나 그는 그는 여기서 멈추지 않고 새로운 도전을 위해 새로운 생각에 몰입하였습니다. 그것은 바로 석유를 판매하는 일이었지요. 석유 판매에 도전해 성공했지만 그는 거기에 만족할 수 없었습니다. 또 다른 새로운 꿈이 생겼기 때문입니다. 그것은 석유를 수출하는 일이었지요.

그런데 문제는 석유를 수출하는 데 필요한 운송수단이 없다는 것이었습니다. 이에 마커스 새뮤얼은 또 다시 생각에 몰입했지요. 그리고 새로운 생각을 해냈습니다. 그것은 석유를 안전하

마커스 새뮤얼

게 실어 나를 수 있는 탱커, 즉 유조선을 만드는 것이었습니다.

그는 탱커만 있으면 한꺼번에 많은 양의 석유를 실어 나를 수 있다고 확신했지요. 그가 그런 생각을 했다는 것은 매우 놀라운 일이었습니다. 어느 누구도 그와 같은 생각을 한 사람이 없었기 때문이지요.

마커스 새뮤얼은 연구 끝에 직접 설계를 하고 탱커를 발명하였습니다. 이는 획기적인 발명품으로 평가될 만큼 놀라운 일이었지요. 그는 탱커를 통해 석유를 수출하며 자신의 뜻을 더 한층 키워 나갔습니다.

그리고 1907년 에너지 회사 로열 더치사와 합병하며 셸 석유 회사를 창업해 자신의 꿈을 완성시켰습니다.

## 독립적이면서도
## 창조적인 마인드의 결합

마커스 새뮤얼이 단돈 5파운드로 일본 땅에서 성공할 수 있었던 배경에는 그의 창조적인 마인드가 크게 작용하였습니다. 무에서 유를 창조하는 마인드는 생각을 통해서만 가능하지요. 그의 수중에 돈은 없었지만 대신 그에게 창조적인 머리가 있었던 것입니다.

그가 무에서 유를 일궈 내며 성공할 수 있었던 힘은 무엇일까요?

첫째, 그는 자신을 도와줄 사람은 오직 자신뿐이라고 믿었습니다. 이런 강한 독립적인 마인드가 남에게 의존하려는 마음을 차단시켰고 스스로 성공의 자리에 오를 수 있게 한 것이지요.

둘째, 매사를 창조적인 시각으로 바라보았습니다. 마커스 새뮤얼은 매사를 그냥 지나치는 일이 없었습니다. 무엇이든 유심히 살펴 새로운 사실을 발견하는 것을 즐겼지요. 그의 이런 탐구 정신은 놓치기 쉬운 것을 포착하는 눈을 갖게 했습니다.

셋째, 일상에서 보고 듣고 만져 보고 경험함으로써 아이디어를 발견하는 순발력이 뛰어났습니다. 관찰력이 뛰어난 사람들에게서 볼 수 있는 가장 보편적인 특징은 시각, 청각, 촉각 등 감각이 매우 뛰어나다는 것입니다. 이런 본능적인 감각으로 주위를 살피는 가운데 아이디어를 발견하고, 이는 곧 성공으로 가는 지름길이 되어 주지요.

마커스 새뮤얼이 무에서 유를 이끌어 낸 성공의 힘은 이상의 세 가지로 규정지을 수 있습니다.

거기에 더해 집안을 도울 아이템을 찾아보라는 아버지의 말을 귀담아 듣는 자세도 그가 성공하는 데 긍정적으로 작용했지요. 남의 말에 귀 기울일 줄 아는 자세는 자신을 발전시키는 촉매제 역할을 하기 때문입니다.

이처럼 마커스 새뮤얼은 독립적이면서도 창조적인 마인드의 결합을 지녔고, 그런 복합적인 마인드가 그를 창조적이고 생산적인 인물이 되게 했던 것입니다.

현대에는 단순한 생각에서 큰 변화를 이끌어 내는 데 한계가 따릅니다. 그만큼 사회가 복잡하고 다양하며 변화의 속도가 빠르지요. 이런 변화를 따라가고 리드하기 위해서는 매사를 입체적으로 볼 수 있어야 합니다. 마커스 새뮤얼은 생각의 탄력성을 통해 삶을 진화시킨 대표적 인물 중 한 사람이랍니다.

# 마커스 새뮤얼의 **씽크 포인트**

**1** 그는 자신을 도와줄 사람은 오직 자신뿐이라고 믿었습니다.

**2** 매사를 창조적인 시각으로 바라보았습니다.

**3** 일상에서 보고 듣고 만져보고 경험함으로써 아이디어를 발견하는 순발력이 뛰어났습니다.

마커스 새뮤얼

Dreams
come true!

# 작가적 모험심으로 명작을 탄생시키다

## 어니스트 헤밍웨이 Ernest Hemingway, 1899~1961

✳

미국 출생. 소설가.
대표작 《노인과 바다》, 《누구를 위하여 종은 울리나》, 《무기여 잘 있거라》 외 다수.
《노인과 바다》로 퓰리처상과 노벨문학상 수상.

──────── 미국을 대표하는 소설가 중 한 사람인 헤밍웨이
는 고교 졸업 후 〈캔자스시티 스타〉의 기자로 사회생활을 시작했
습니다.

제1차 세계대전에 운전병으로 참전했으나 2개월도 채 안 되어
부상을 입었고, 휴전 후 귀국해 소설가 셔우드 앤더슨과 만남을
가지면서 문학가가 되기로 마음먹습니다. 이후 〈토론토 스타〉 및
〈스타 위클리〉의 해외 특파원으로 파리에 간 그는 수많은 작가와
교류하며 작가로서의 기틀을 다집니다.

1923년과 1925년에 파리와 뉴욕에서 작품을 출간했고,

1926년 발표한 장편《해는 또 다시 떠오른다》가 성공을 거두면서 헤밍웨이는 본격적인 작가의 실로 들어섰지요.

그는 스페인 내전과 제2차 세계대전에서 종군기자로도 활약했습니다. 이때의 경험을 바탕으로 장편소설《누구를 위하여 종은 울리나》를 발표했는데, 이 소설이 그의 첫 상업적 성공작입니다.

또한 그가 1952년에 쓴《노인과 바다》는 퓰리처상과 노벨문학상을 받으며 세계 문단에 화려하게 그의 이름을 되새긴 대표작이 되었습니다.

##  다중적인 성격과 자유분방한 인생관

헤밍웨이는 완전히 상반된 성격의 소유자라 할 수 있습니다. 그는 재치 있고 쾌활하며 성미가 급한 반면 방탕하고 이기적이며 자기중심적이었지요. 또 쾌락적이고 헌신적이며, 삶을 사랑하면서도 죽음에 대한 강박관념에 사로잡혀 있었습니다.

타고난 스포츠맨에 지독한 독서광이기도 했지요. 그는 술을 많이 마시고도 아침 일찍 일어났으며, 관습에 얽매이지 않으면서도 복잡한 생활을 했습니다.

어니스트 헤밍웨이

헤밍웨이는 고등학교 때 글을 쓰기 시작했는데, 그 시절 활발한 활동을 벌여 주목받았습니다. 하지만 고등학교 졸업 후 안정되지 않은 환경을 견디지 못하고, 대학에 가는 대신 캔자스시티로 가서 당시 주요한 신문이었던 〈캔자스시티 스타〉의 기자로 채용되어 귀중한 직업훈련을 받았지요.

그는 군에 입대하기를 바랐지만 눈에 결함이 있어 군 입대를 거절당하다 가까스로 미국 적십자사의 구급차 운전기사로 제1차 세계대전에 참전하였습니다. 하지만 적군의 포격으로 부상을 입어 밀라노 육군병원에 입원했고, 곧 휴전이 되었습니다.

미국으로 온 헤밍웨이는 고향과 미시간에서 건강을 찾은 뒤 〈토론토 스타〉의 해외통신원으로 프랑스로 갔습니다. 그는 파리에서 스콧 피츠제럴드, 거트루드 스타인, 에즈라 파운드, 제임스 조이스 같은 미국 작가들과 어울리며 작가로서의 기틀을 다져 나갔지요. 헤밍웨이는 이들의 충고와 격려에 힘입어 비저널리즘적인 작품을 출간하기 시작했습니다.

1925년 단편집 《우리 시대에》를 뉴욕에서 출간하고, 이듬해 장편 《해는 또 다시 떠오른다》를 발표하며 미국 문단에 새롭게 떠오르는 주목받는 소설가가 되었지요. 그리고 1927년 단편 《여자 없는 남자들》, 1933년 《승자는 아무것도 얻지 못한다》를 발표하며 단편소설의 거장이라는 영예도 얻게 됩니다.

## 철저한 작가 정신과
## 빛나는 문학 세계

어니스트 헤밍웨이는 한곳에 머무는 것을 경계하였습니다. 그는 작가란 직접 보고, 느끼고, 경험함으로써 보다 공감을 주는 작품을 쓸 수 있다고 믿었지요.

그는 이러한 자신의 신념을 실천하기 위해 스페인 내전과 제2차 세계대전이 일어나자 죽음을 무릅쓰고 종군 기자가 되어 전쟁터를 누볐습니다. 그러한 경험들은 그의 작품 세계에 녹아들어 깊은 영향을 주었지요.

《무기여 잘 있거라》는 제1차 세계대전 참전하며 직접 겪은 전쟁의 참상을 바탕으로 쓴 소설이고, 《누구를 위하여 종은 울리나》는 스페인 내전에서의 경험을 바탕으로 한 것입니다. 《누구를 위하여 종은 울리나》는 판매부수 면에서 가장 성공하였을 뿐만 아니라 많은 비평가들의 찬사를 받았지요.

한편 헤밍웨이는 누구보다 많은 취미를 가진 것으로도 유명합니다. 스키, 투우, 사냥, 낚시 등을 하며 여행을 다녔는데, 이러한 경험들은 모두 그의 소설의 자양분이 되었습니다. 글 쓰는 이에게 다양한 경험만큼 소중한 것이 없다는 사실을 분명하게 입증한 작가이기도 하지요.

이후 쿠바로 건너간 헤밍웨이는 아름다운 해변에 거처를 마련하고 낚시를 하며 새로운 작품을 구상하였지요. 그리고 그 경험을 바탕으로 1952년에 《노인과 바다》를 썼습니다. 그는 이 작품으로 열광적인 찬사를 받았습니다. 그리고 퓰리처상과 노벨문학상을 받으며 세계 문단에 자신의 존재감을 확실하게 각인시켰지요.

헤밍웨이가 좋은 작품을 쓸 수 있었던 가장 큰 요인은 철저한 현장 경험을 바탕으로 한 리얼리티에 있었습니다. 그가 했던 다양한 경험들은 그의 문학 세계를 빛나게 하는 밑거름이 되었지요.

## 생각을 굴리며
## 길 위를 떠도는 현장주의

헤밍웨이가 작가로서 크게 성공할 수 있었던 이유는 무엇일까요? 재능일까요? 아니면 후천적인 노력의 결과일까요? 저는 두 가지 다라고 생각합니다. 헤밍웨이가 소설을 쓰는 데 가장 중요하게 작용했던 것은 무엇일까요?

첫째, 철저한 현장경험입니다.

소설은 생각만으로도 쓸 수 있습니다. 하지만 경험이 녹아 있을 때 더욱 공감을 주게 되지요. 다양한 경험을 하는 것은 소설가에게는 필수 비타민과 같다고 할 수 있습니다. 헤밍웨이는 길에서 생각하고, 먹고, 마시고, 생활했습니다. 그는 수시로 유럽과 스페인 등을 여행했으며, 쿠바의 아름다운 해안을 사랑했지요.

### 둘째, 철저하고 치열한 작가 정신입니다.

헤밍웨이는 작가 정신이 철저한 작가였습니다. 전쟁터를 자신의 일터로 생각할 정도였으니까요. 그는 종군기자로 총알이 빗발치는 전쟁터에 뛰어들어 위험을 무릅쓰고 취재를 했습니다. 이런 전쟁 경험은 그로 하여금 명작을 쓰게 하였지요.

### 셋째, 자유분방한 사고방식입니다.

헤밍웨이는 격식이나 겉치레를 경계하였습니다. 그는 틀에 박히지 않은 사고방식을 지닌 자유로운 영혼이었지요. 작가는 자신이 쓰고 싶은 대로 써야 합니다. 자의든, 타의든 제한을 받아서는 좋은 작품을 쓸 수 없지요. 헤밍웨이의 자유로운 사고방식은 격식에 얽매여 글쓰기에 지장을 초래하는 것을 막아 주었습니다.

헤밍웨이가 미국을 대표하는 소설가이자 세계적인 소설가가 된 배경에 대해 세 가지 관점에서 살펴보았습니다. 그는 20세기를 대표하는 소설가로서 그의 작품은 세월이 흘러도 고전으로 남아 독자들에게 사랑받고 있습니다.

어니스트 헤밍웨이

# 어니스트 헤밍웨이의 씽크 포인트

✦

---

**❶** 철저한 현장 경험을 작품으로 승화시키는 작가

정신을 지녔습니다.

---

---

**❷** 사색과 경험을 적절하게 조율하는 능력이

뛰어납니다.

---

---

**❸** 치열한 작가 정신에 더해 도전 정신이 탁월합니다.

---

---

---

Dreams
come true!

# 세계 대중음악사에 한 획을 긋다

**비틀즈** Beatles(1956년 결성, 1970년 해체)

영국의 록 그룹. 1960년대 세계 최고의 가수.
대표곡 〈예스터데이Yesterday〉, 〈렛 잇 비Let it be〉, 〈헤이 쥬드Hey Jude〉 등.

─────────── 전설적 밴드 비틀즈의 구성원은 존 레논<sup>John Le</sup>nnon, 폴 매카트니<sup>Paul McCarteny</sup>, 조지 해리슨<sup>George Harrison</sup>, 링고 스타<sup>Ringo Starr</sup> 4명입니다.

비틀즈는 1962년 첫 싱글 〈러브 미 두<sup>Love Me Do</sup>〉, 1963년 데뷔 앨범 〈플리즈 플리즈 미<sup>Please Please Me</sup>〉를 발표했습니다. 이 음반이 크게 성공하며 영국 최고의 인기 록 그룹이 되었고, 발표하는 앨범마다 크게 성공하며, 수록된 곡들이 인기 차트를 석권했습니다. 이후 비틀즈는 〈예스터데이〉, 〈렛 잇 비〉, 〈헤이 쥬드〉 등 수많은 히트곡을 내며, 전 세계인들의 사랑을 한 몸에 받는 세계 최고의 록 그룹이 되었습니다.

'비틀즈'란 이름으로 거대한 브랜드를 이룬 사람들, 천문학적인 상품 가치를 지녀 세계 굴지 음반 회사가 가장 선호한 가수. 비틀즈에 대한 온갖 찬사와 수식어만으로도, 그들의 가치를 가늠할 수 있답니다. 비틀즈는 지금까지도 음악, 미술, 문학 등 폭넓은 분야에 걸쳐 큰 영향력을 행사하고 있습니다.

## 뜨거운 열정, 각기 다른 음악 색깔

비틀즈 멤버의 공통점은 하나같이 음악을 좋아했고, 집이 몹시 가난했다는 점입니다. 하지만 가난은 비틀즈 멤버들에게는 아무런 장애가 되지 않았습니다. 그들은 음악을 좋아했고 자신들의 음악으로 행복했으니까요.

비틀즈의 낙관적이고 적극적인 인생관 덕분이었을까요? 그들이 창작한 음악은 많은 사람들에게 감명을 주었습니다. 비틀즈는 특유의 음악 세계를 구축하며, 음악계에 새로운 돌풍을 일으켰지요.

비틀즈가 구성되기 전 구성원 각자는 각기 다른 록 그룹에서 활동하며, 자신만의 음악 세계를 펼치고 있었지요. 그러던 중

비틀즈

1956년 존 레넌과 폴 매카트니가 서로를 알아보고 먼저 팀이 되었습니다. 자신들과 같이 음악 활동을 할 멤버를 찾다가 1957년 조지 해리슨 등을 받아들여 드디어 1960년 전설의 비틀즈 그룹을 탄생시켰지요.

그룹이 결성되자 그들은 함부르크와 리버풀의 클럽에서 본격적인 활동을 시작하였습니다. 그들의 활동은 매우 열정적이었고, 사람들에게 깊은 인상을 심어 주었습니다. 기존의 음악과 전혀 다른 그들의 음악에 사람들이 빠져들기 시작했던 것입니다.

그러던 중 한 사람이 탈퇴를 했고, 그 자리를 링고 스타가 맡으며 눈부신 비틀즈의 세계를 이루어 나갔습니다.

각기 다른 음악 색깔을 가지고 있으면서도 그것을 하나의 음악으로 일궈 나간다는 것은 개성이 강한 음악인들에겐 쉽지 않은 일입니다. 그럼에도 그들은 이를 조화시켜 자신들만의 음악 세계를 보여 준 최고의 가수입니다.

## 비틀즈,
## 음악 세계를 정복하다

영국에서 큰 성공을 거두자 비틀즈의 음악은 미국으로 건너가 빌보드 차트로 대변되는 미국의 음악 시장을 집어삼켰습니다. 미국인들은 영국의 록 그룹 비틀즈에 열광했고, 그들의 음반은 대대적인 선풍을 일으키며 '비틀즈 마니아'라는 새로운 풍조를 만들어 냈지요.

비틀즈는 당시 미국 최고의 인기 TV 프로그램이었던 〈에드 설리번 쇼〉에 출연했습니다. 이를 통해 그들은 많은 미국인과 세계인들에게 자신들의 존재를 확실하게 각인시켰습니다.

비틀즈의 열정이 남다른 것은 색다른 무언가에 대해 관심을 가졌다는 점입니다. 그들은 로큰롤의 황제 엘비스 프레슬리의 영향을 받았으며, 재즈와 록의 장점을 포착해 이를 소화하여 매력적인 '리버풀 사운드'를 창조해 냄으로써 최정상급 그룹의 자리에 오릅니다.

그들은 음악적으로도, 상업적으로도 큰 성공을 거둡니다. 그들이 내놓은 음반은 모두 100만 장 이상 팔리는 기록을 세웠습니다. 이에 자신을 얻은 비틀즈는 새로운 음악 세계에 도전하게 됩니다.

자유로운 음악 형식과 편곡을 시도하여 발라드풍의 〈예스터데이Yesterday〉를 비롯하여 복잡한 리듬의 〈페이퍼백 라이터Paperback Writer〉, 동요풍의 〈옐로우 서브머린Yellow Submarine〉, 사회적 메시지를 담은 〈엘리노어 릭비Eleanor Rigby〉 등 다양한 곡으로 그들의 폭넓은 음악 세계를 선보였습니다.

이렇듯 비틀즈는 한곳에 안주하여 머무르는 것을 배격하고,

늘 새로운 것에 도전해 남다른 모습을 보여 줌으로써, 더 많은 인기를 얻고 높은 평가를 받을 수 있었답니다.

## 비틀즈 음악의 특징과 성공 요소

비틀즈가 세계 최고의 가수가 될 수 있었던 것은 멤버 한 사람 한 사람이 이미 성공할 준비를 갖추고 있었기 때문입니다. 각자가 뛰어난 연주자이자 작곡가, 가수였지요.

이처럼 실력을 갖추고 있었지만, 그들은 조금도 흐트러짐 없이 음악에 몰두해 스스로를 더욱 완성도 있는 음악 세계로 이끌었습니다. 이러한 노력 덕분에 그들은 결국 바라는 대로 세계 최고가 될 수 있었지요.

다음은 비틀즈의 특징과 성공 요소입니다.

첫째, 남들과 다른 자신만의 음악을 추구하였습니다.

비틀즈는 로큰롤의 황제 엘비스 프레슬리의 영향을 받았습니다. 현란한 춤과 다이내믹한 선율로 세계를 사로잡았던 로큰롤의 영향을 받는 것은 당연한 일이었습니다. 비틀즈는 로큰롤과 재즈를 결합하여 일렉트릭 기타와 드럼을 중심으로 연주와 보컬이 조화를 이루는 새로운 록의 시대를 열었습니다. 이를 '리버풀 사운드'라고 합니다.

### 둘째, 개성 있는 음악을 창조하였습니다.

비틀즈는 다양한 장르의 음악을 시도해 개성 있는 음악들을 만들어 냈습니다. 처음에는 로큰롤에서 출발하였지만, 이후 팝 발라드, 사이키델릭 록 등으로 확장되었습니다. 어느 한 장르만 고집하지 않고 다양하고 새로운 영역을 시도함으로써 그 자체로 새로운 주류를 만드는 선두주자 역할을 했던 것입니다. 비틀즈는 활동 기간 동안 13개의 앨범에서 200여 개가 넘는 곡들을 만들어 냈습니다.

### 셋째, 안주하지 않는 음악 정신입니다.

비틀즈는 한곳에 안주하여 머무르는 것을 배격하고, 늘 새로운 음악을 추구하였습니다. 이런 도전 정신은 새로운 음악을 갈망하는 사람들에게 삶의 오아시스가 되기에 충분했고, 그들을 실험 정신이 투철한 음악인들로 각인시켰지요.

예술이란 인간들의 영혼을 맑게 하고, 삶의 평안과 진실성을 갖게 함으로써 행복한 삶에 이르게 하는 정신적, 육체적 행위입니다.

비틀즈

비틀즈는 탁월한 인식의 눈을 갖고 저마다의 재능을 펼침으로써 자기들만의 확실한 음악 세계를 창조하였고, 이는 곧바로 사람들의 마음을 파고들어 세계 최고의 가수가 되었지요.

모든 성공 뒤엔 쓰라린 상처도 있고, 고통과 눈물, 아픔도 있습니다. 그 숱한 좌절과 실패를 딛고서 성공은 비로소 오는 것이니까요. 비틀즈 역시 가난과 쓰라린 시련의 고통을 딛고, 굳세게 일어서서 성공적인 인생이 되었던 것입니다.

# 비틀즈의 씽크 포인트

**1** 비틀즈는 좌절하지 않는 용기와 음악에의 뜨거운 열정으로 한곳에 머무르지 않고 끊임없이 도전했습니다.

**2** 비틀즈는 가난 앞에서 더욱 강해졌고, 구성원들의 끈끈한 정은 그들의 음악을 한층 성장시켜 주었습니다.

**3** 비틀즈는 자신보다 나은 사람들의 음악은 겸허히 받아들여, 나름의 음악 세계를 구축하는 데 최선을 다했습니다.

Oprah Gail Winfrey

Marguerite Peggy Guggenheim

Angela Isadora Duncan

Zaha Hadid

Sarah Moon

Michelle Bachelet

Indra Nooyi

Jane Goodall

Margaret Hilda Thatcher

Joan K. Rowling

Cecilia Bartoli

# 긍정의 상상력으로
# 남과 다른 나를 만들다

**Dreams
come true!**

# 시련을 열망의 불꽃으로 승화시키다

**오프라 윈프리** Oprah Gail Winfrey, 1954~

✳

방송인. 2018년 미국 타임지 선정 '세계에서 가장 영향력 있는 100인' 거인 부분.
저서 《언제나 길은 있다》, 《내가 확실히 아는 것들》 외.


─────── 미국에서 가장 성공한 흑인 여성의 대명사 오프
라 윈프리. 그녀는 웃음과 감동을 주는 토크쇼 〈오프라 윈프리
쇼〉의 진행자로 유명하지요. 또한 엄청난 부와 명성을 한 몸에 지
닌 채, 미국인들의 존경과 부러움을 사고 있습니다. 이러한 윈프
리도 어린 시절엔 지독한 가난의 굴레에서 항상 자유롭지 못했
지요.

그녀는 10대 미혼 부모 사이에서 태어났습니다. 철없는 부모
는 아직 아기였던 오프라를 놓아 둔 채 고향을 떠났고, 그녀는 감
자 포대로 옷을 만들어 입어야 할 정도로 가난한 외할머니 밑에

서 유년 시절을 보냈습니다.

여섯 살이 되자 그녀는 할머니의 건강 악화로 어머니가 살고 있는 위스콘신주 밀워키로 가게 됩니다. 그리고 거기서 가난보다 더 고통스러운 시간을 보내게 됩니다.

결국 엇나가는 딸을 감당하기 어려웠던 어머니는 오프라를 친부가 살고 있는 테네시주의 내슈빌로 보내게 됩니다. 거기서 그녀는 아버지의 도움으로 새로운 삶을 시작하게 되고, 지역 방송국에서 아르바이트를 하는 것으로 방송과 처음 인연을 맺습니다.

대학생이 된 그녀는 지역 라디오와 TV의 뉴스 진행자를 거쳐 볼티모어의 WTZ TV의 공동 앵커로 일하게 되지만, 8개월 만에 해고당하고 맙니다. 하지만 좌천되어 맡은 낮 시간대 토크쇼를 시청률 바닥에서 1위로 바꿔 놓으며 시련을 기회로 바꿉니다.

이후 자신의 이름을 건 토크쇼를 진행하게 된 그녀는 승승장구하며 희망의 아이콘이 되었습니다.

 ## 시련을 성공의 씨앗으로 삼다

시련 따위 없이 살 수 있다면 더없이 좋겠지만 그럴 수 없는 것이 인생입니다. 살다 보면 누구나 크든 작든 시련을 겪게 됩니다. 그

오프라 윈프리

런데 이 시련이 어떤 사람에게는 기회가 되고, 어떤 사람에게는 악재가 됩니다.

　기회로 작용하는 경우는 시련을 시련으로만 여기지 않고 지금보다 나은 자신의 길을 찾는 계기로 삼을 때입니다. 반면에 시련을 두려운 것, 아픈 것으로 여기는 경우 고통만 따르게 됩니다. 이러한 마인드를 가진 사람은 더 나은 길로 나아가는 데 큰 제약을 받게 되지요. 나에게 닥쳐 오는 시련을 두려워하지 않으려면 어떻게 해야 할까요?

　첫째, 시련을 담담히 수용할 줄 아는 단단한 마음을 길러야 합니다. 내게 찾아온 시련을 거부하거나 저항하기보다는 담담히 받아들일 때, 새로운 문이 열릴 것입니다.

　둘째, 시련을 극복하고 이겨 낸 사람들에 관한 이야기를 듣고, 책을 읽으며 능동적인 마인드를 기르는 것도 도움이 됩니다.

　셋째, 어떠한 시련이 오더라도 희망을 잃지 말아야 합니다.

　희망의 끈을 놓지 않으면 시련 속에서도 빛을 찾을 수 있습니다. 시련을 두려워하는 사람에게 시련은 장애물이고 고통이지만, 아무것도 아닌 것으로 받아들이는 사람에겐 성공의 씨앗일 뿐이지요.

## 지금과는 다른 새로운 구성과 화법에서 오는 독특한 개성

볼티모어의 지역 방송국에서 일하던 오프라 윈프리는 서른 살이 던 1983년 전국 방송망을 가진 시카고의 TV방송국으로 자리를 옮기게 됩니다. 〈AM Chicago〉라는 토크쇼였는데, 그녀가 진행을 맡은 지 한 달 만에 시카고 전체 시청률 1위, 5개월 만에 미 전역 3위 방송이 됩니다.

이토록 그녀의 방송이 단번에 시청자의 눈길을 사로잡을 수 있었던 것은 지금까지와는 다른 새로운 구성과 화법에서 오는 독특한 개성이 먹혀 들었기 때문입니다. 이후 그녀의 이름을 건 〈오프라 윈프리 쇼〉로 이름이 바뀌었고, 본격적으로 그녀의 전성시대가 열리게 됩니다.

그렇다고 좋은 일만 있었던 것은 아닙니다. 저속한 내용을 다룬다는 비판을 받기도 했고, 대리모를 사칭한 여성의 출연으로 비난을 받기도 했지요. 이는 시청자들의 신뢰가 중요한 방송인에게는 치명적인 사건이었습니다.

하지만 오프라는 어려운 상황 속에서도 토크쇼를 계속 이어갔고, 그녀의 진솔함과 게스트에 대한 진심 어린 공감은 시청자들을 감동시켰습니다. 오프라의 인기는 그녀가 가진 인간적인 면모만큼이나 급상승했고, 마침내 그녀의 토크쇼는 미국인 누구나 즐겨 보는 인기 프로그램이 되었습니다.

또한 그녀는 사회적 약자를 돌아보고 그들의 편이 되어 주려고 노력하는 모습을 보이며, 미국 국민들의 존경을 한 몸에 받았습니다.

그녀는 1998년 힐러리 클린턴에 이어 '미국에서 가장 영향력 있는 여성' 2위에 뽑혔고, 2007년, 2008년 연속으로 〈포브스〉가 선정하는 '세계의 가장 영향력 있는 유명인사 100인' 중 1위를 차지하였습니다.

오프라 윈프리는 단순한 엔터테이너가 아닙니다. 그녀는 피부색과 국경을 뛰어넘어, 모든 여성에게 꿈의 대상이자 희망의 실체가 되고 있습니다.

그녀가 진행하는 〈오프라 윈프리 쇼〉는 2002년까지 30회의 에미상을 수상했으며, 1998년에는 마흔네 살의 나이로 에미상 시상식에서 평생 공로상을 수상했습니다. 또한 영화 〈컬러 퍼플〉에 출연하여 골든글러브와 아카데미 시상식에서 여우조연상을 수상했지요.

그녀가 이룬 이 놀라운 결과는 땀과 신념 그리고 용기와 믿음이 이루어 낸 향기로운 결실이랍니다.

오프라 윈프리는 그러한 공로를 인정받아 하버드 대학을 비롯한 여러 대학에서 명예박사 학위를 받은 바 있습니다. 그중 미국 최고의 흑인 명문대학으로 손꼽히는 하워드 대학의 졸업식장에서 그녀는 이런 말을 남겼습니다.

"인생을 살다 보면 많은 상을 받게 되지만, 자기 자신에게 존중받는 것 이상의 상은 없다. 본래 자신의 모습을 파는 노예가 되지 말아야 한다."

그녀의 말이 끝나자 2,200명의 졸업생과 행사장을 가득 메운 축하객 3만 명이 아낌없는 박수를 보냈습니다.

모든 것을 다 이룬 것 같지만 그녀의 꿈은 아직 현재 진행형입니다. 자신의 이름을 딴 '오프라 윈프리 네트워크OWN'라는 케이블 방송국을 2011년을 설립하고 2012년부터는 〈오프라 넥스트 챕터〉라는 새로운 토크쇼의 진행자로 나섰습니다.

그녀는 수많은 시련을 겪었지만 그 시련을 열망의 불꽃으로 승화시킨 희망의 아이콘입니다.


지금 우리는 과거 그 어느 때보다도 물질의 풍요로움을 누리며 살고 있지만, 삶은 그보다 더 각박하고 힘들어졌습니다. 대학을 나와도 취직이 어렵고, 뭘 하든 치열한 경쟁에 시달려야 하지요.

하지만 아무리 어려워도 절망하거나 포기해서는 안 됩니다. 어떤 절박한 상황에서도 여러분은 인생의 주인공이 될 수 있습니다. 오프라 윈프리는 온몸으로 그것을 보여 주었지요.

인간은 연약한 것 같아도 가장 강한 존재입니다. 신은 우리 인

오프라 윈프리

간에게 연약함과 강함을 동시에 주었습니다. 그 까닭은 연약함과 강함을 통해 삶의 진실을 알게 하기 위해서입니다. 중요한 것은 '내게 어떤 시련이 오느냐'가 아니라 '그 시련을 어떻게 받아들이고 극복하느냐'입니다.

오프라 윈프리는 그 선택은 이려분의 손에 달려 있다고 말하고 있습니다.

# 오프라 윈프리의 **씽크 포인트**

---

**1** 시련 앞에서도 흔들리지 않고 강한 마음으로

이겨 냈습니다.

---

**2** 새로운 자아를 실현하는 일에 열중했고 자신에게

주어진 일에 최선을 다했습니다.

---

**3** 낙관적인 인생관으로 매사를 긍정적으로 생각하고

실행했습니다.

---

오프라 윈프리

**Dreams
come true!**

# 위대한 갤러리의 여제

**페기 구겐하임** Marguerite Peggy Guggenheim, 1898~1979

✳

미국 뉴욕 출생. 전설적인 아트 컬렉터.
저서 《어느 미술 중독자의 고백》 등.

─────────── 페기 구겐하임은 1898년 미국 뉴욕에서 유대인 부모에게서 태어났습니다. 친가는 광산을 소유한 거부였고, 외가는 금융업으로 막대한 부를 쌓았지요. 유복한 환경이었지만 부모님 사이가 좋지 않아 그녀는 늘 외로웠습니다. 하지만 가정교사 루실 콘을 통해 자유분방한 성격으로 바뀌었습니다.

그녀는 틀에 박힌 명문가 규수의 삶을 거부하고 서점에서 일하며, 당대의 지식인, 예술가들과 교류합니다. 예술에 눈을 뜬 그녀는 미국에서 파리로 오게 되고, 마르셀 뒤샹, 만 레이 등 전설적인 현대 예술가와 만나 지식과 안목을 키우게 됩니다.

이후 런던으로 거처를 옮긴 페기는 '구겐하임 죈'이라는 화랑을 열게 됩니다. 잇달아 전시회를 열고 예술가를 후원하며 구겐하임 죈은 런던 예술계의 중심으로 떠오르게 되지요.

2차 세계대전 전운이 감돌며 모두가 유럽을 탈출할 때 그녀는 오히려 파리로 가 작품을 사들이고, 유대인 예술가들의 탈출을 도왔습니다. 미국에 돌아와선 뉴욕 7번가에 화랑을 열고 유럽에서 가져온 그림들을 선보였습니다. 그녀 덕분에 현대 미술의 중심지는 유럽에서 미국으로 이동했지요.

전쟁이 끝나자 그녀는 다시 작품들을 베네치아로 옮겨 '페기 구겐하임 미술관'을 개관하였습니다. 그녀의 미술관은 세계 최고 수준의 현대 미술관으로 훗날 예술가라면 반드시 들러보고 싶은 곳이 되었습니다. 오늘날 현대 미술이 존재할 수 있는 것은 그녀의 열정 덕분이라고 해도 과언이 아닙니다.

## 도움과 배움을 통한 멘토의 법칙

페기 구겐하임이 능력 있는 아트 컬렉터가 될 수 있었던 데는 수많은 멘토가 뒤에 있었기 때문입니다. 그녀의 인생에 있어 멘토의 역할이 얼마나 컸는지를 살펴봄으로써 인간관계의 중요성에

페기 구겐하임

대해 여러분에게 알려 주고자 합니다.

첫 번째 멘토는 첫 남편인 화가 로렌스 베일입니다. 미술에 문외한이었던 페기 구겐하임은 로렌스 베일을 통해 많은 예술가와 교분을 쌓을 수 있었습니다.

두 번째 멘토는 그녀와 5년 동안 같이 살았던 예술 비평가 존홈스입니다. 문학과 미술, 영화 등에 폭넓은 지식을 가졌을 뿐만 아니라 비평 능력이 뛰어났던 홈스를 통해 그녀는 예술 비평에 대한 통찰력을 길렀지요.

세 번째 멘토는 훗날 그녀가 화랑을 차리는 데 결정적인 역할을 한 마르셀 뒤샹입니다. 뒤샹은 유럽계에서 가장 영향력 있는 아방가르드 예술가이지요. 그는 그녀가 아트 컬렉터로 성공하는 데 실질적인 조언과 도움을 준 사람이지요.

또한 그는 칸딘스키를 비롯한 많은 예술가를 소개시켜 줌으로써 그녀가 적극적으로 활동하는 데 큰 힘이 되어 주었습니다. 운명 같은 존재였다고 할 수 있을 만큼 그녀에게 막대한 영향을 끼쳤답니다.

이외에도 그녀에게는 수많은 멘토가 있었습니다. 추상화에 눈뜨게 해준 플라이슈만 부부, 현대미술 화랑인 '구겐하임 죈'을 열고도 옛 대가들의 작품을 더 선호했던 그녀에게 현대미술의 중요성을 알게 해준 사뮈엘 베케트를 비롯해 미술평론가 허버트 리드, 뉴욕현대미술관 관장 알프레드, 아트 딜러 하워드 퍼첼, 넬리

반 두스부르흐 등의 멘토가 그녀와 함께했습니다.

그녀는 이들을 통해 미술품을 보는 안목과 전시 기획력, 미술에 대한 상식을 키울 수 있었지요.

우리는 이를 통해 한 사람이 성공하는 데는 본인의 출중한 능력뿐 아니라 힘이 되어 주는 사람들의 영향이 절대적이라는 것을 알 수 있습니다. 성공하기 위해서는 반드시 멘토의 법칙을 적극 활용해야 합니다.

하지만 사람의 마음을 얻는다는 것은 쉽지 않은 일이지요. 누군가의 마음을 얻기 위해서는 최선을 다해야 합니다. 누구나 최선을 다하는 사람의 손을 잡아 주니까요.

## 진정성으로 상대의 마음을 얻는 끌어당김의 법칙

페기 구겐하임은 영국에서도 프랑스에서도 많은 예술가를 후원하였습니다. 경제적으로 안정되면 그들이 좋은 그림을 그릴 수 있고, 그러면 자신이 기획하는 일에도 도움을 줄 수 있을 거라는 생각에서였지요.

어려울 때 후원을 받은 사람은 자신을 후원해 준 사람을 잊지 못하니까요. 어찌 보면 계산적이라고도 할 수 있지만, 그녀는 매우 실리적인 방법을 택한 것입니다.

2차 세계대전의 전운이 감돌자 예술가들은 더욱 힘들어졌습니다. 그녀는 전쟁이 일어난다는 소식에 싸게 내놓은 화가들의 작품을 닥치는 대로 사들였습니다. 거기엔 유대인 화가들의 작품도 많았지요. 그녀는 그 작품들을 미국으로 가져왔습니다.

그뿐 아니라 많은 예술가들이 미국으로 이주하는 것을 도왔습니다. 그중에는 나중에 그녀와 결혼한 막스 에른스트를 비롯해 이브탕기, 앙드레 브르통 등 쟁쟁한 예술가들이 포함되어 있었습니다. 그녀는 유럽에서 온 화가들과 미국에 있는 무명의 화가들을 지원하며 그들의 예술 활동을 도왔습니다.

페기 구겐하임은 뉴욕 7번가에 화랑 '금세기 미술'을 열었습니다. 이 화랑은 파리와 뉴욕을 잇는 다리 역할을 하며 유럽의 예술가들과 미국의 예술가들이 교류하는 장이 되었습니다. 그를 통해 추상표현주의가 발전하는 데도 기여하였지요.

이후 미국의 화가인 잭슨 폴록, 마크 로스코 등은 일취월장하며 자신의 분야에서 거장이 되었습니다. 이처럼 페기 구겐하임은 재능 있는 화가들을 통해 비전을 발견하고 그들을 적극 후원하였던 것이지요.

그녀가 현대미술 발전에 기여한 공로를 인정받을 수 있는 것은 그림을 돈벌이 수단으로 여기지 않았기 때문입니다. 그녀는 화가가 좋은 그림을 그리도록 돕는 것이 미술이 발전하는 길이라는 생각을 가지고 있었습니다.

　다음은 이리한 그녀의 마음을 잘 알게 하는 내목입니다.

　"내가 미국을 떠나 있었던 12년 동안 모든 것이 바뀌어 있었다. 나는 벼락이라도 맞은 듯 깜짝 놀랐다. 미술운동 전체가 거대한 투기 사업이 되어 있었던 것이다. 진정으로 그림을 좋아하는 사람들은 많지 않았다. 나머지 사람들은 속물적인 의도로, 혹은 과세를 피하기 위해 그림을 구입해 죽을 때까지 미술관에 맡겨 둔다."

　그녀는 보물을 보존해 대중에게 보여 주는 것이 컬렉터의 의무라고 생각했습니다. 진정으로 미술을 아끼고 사랑했기에 자신이 취할 수 있는 모든 것을 동원해서 미술가들을 후원했던 것입니다. 그리고 자신이 후원한 미술가들이 크게 성공함에 따라 더불어 그녀 역시 성공적인 결과를 이끌어 낼 수 있었지요. 후원으로 화가들의 마음을 얻음으로써 성공한 인생이 될 수 있었던 것입니다.

## 새로움을 추구하는 실험 정신의 법칙

페기 구겐하임은 무명에 가까운 이들을 위해 기획을 하고 아낌없이 전시회의 기회를 제공하여 그들이 미술가로서 발돋움하는 데 도움을 주었습니다.

그녀가 화랑 '구겐하임 죈'을 개관하고 연 첫 전시회는 파리 현대 미술의 선구자로 불리는 장 콕토의 전시였습니다. 그리고 이어 칸딘스키 등 유럽의 많은 화가들의 전시회를 열었지요.

그중에는 당시 무명 화가였던 존 터나드도 있었습니다. 이는 그녀로서는 모험과도 같았습니다. 하지만 그의 그림이 색채와 구성이 훌륭하다고 판단한 그녀는 전시회를 열었고, 주변 사람들의 우려를 말끔히 걷어 내고 대성공을 거두었습니다. 이로써 작품을 보는 안목이 뛰어남을 스스로 증명해 보인 것입니다.

이듬해에 전시를 열었던 이브 탕기 역시 당시에는 무명의 화가였습니다. 그는 독학으로 미술을 공부해 훗날 현대 초현실주의에 크게 기여한 작가입니다.

이렇듯 페기 구겐하임은 기획해서 여는 전시회마다 성공을 거두었습니다. 그러자 영국 언론들은 "그녀의 화랑은 예술가들이 명성을 얻고 나서야 전시를 해주는 그런 갤러리들과 다르다. 그녀에게는 실험 정신이 있다"고 칭찬했습니다.

시간이 흐를수록 작품을 보는 안목 및 전시 기획 능력, 구매자와의 상담 능력 등 미술에 관한 그녀의 전반적인 지식은 일취월장하였습니다. 이제 그녀는 유럽 미술계에 없어서는 안 될 미술계의 여제가 되었지요.

잭슨 폴록은 그녀가 미국에 세운 화랑을 통해 데뷔했을 뿐 아니라 직접 발굴해 지원한 화가입니다. 잭슨 폴록은 미국을 대표하는 액션 페인팅의 거장이 되었지요. 마크 로스코, 클리포드 스틸도 그녀의 후원으로 전시회를 열 수 있었습니다.

이렇듯 그녀는 무명작가들에게 길을 열어 주고 그들이 성장할 수 있도록 아낌없이 힘이 되어 주었습니다. 여기에 바로 페기 구겐하임이 가지는 컬렉터로서의 빛나는 안목과 기획자로서의 위대성이 있는 것입니다.

뉴욕현대미술관 초대 관장을 지낸 알프레드 바는 페기 구겐하임에 대해 이렇게 말했습니다.

"그녀는 단순히 자신의 즐거움을 위해 예술 작품을 모으는 수집가나, 예술가를 돕고 공공 미술관을 설립하는 자선 사업가에 머무는 것이 아니라 예술과 예술가 모두에게 적절한 수단을 사용할 줄 알았던 행동가였다."

페기 구겐하임은 아트 컬렉터이자 전시 기획자로서, 예술가는 아니었지만 진정한 예술혼을 가진 위내한 미술인이었던 것입니다.

# 페기 구겐하임의 **씽크 포인트**

✦

**1** 도움과 배움을 통한 멘토의 법칙을 철저하게

적용하였습니다.

**2** 진정성으로 상대의 마음을 얻는 끌어당김의 법칙을

적용하였습니다.

**3** 새로움을 추구하는 실험 정신의 법칙을 적용하였습

니다.

Dreams
come true!

# 끊임없이 생각을 '체인지업' 하다

**이사도라 덩컨** Angela Isadora Duncan, 1877~1927

\*

미국 출생. 자유무용의 창시자로 현대무용의 개척자로 불림.
1904년 베를린에 무용학교 설립.

——————— 현대무용의 개척자라 불리는 이사도라 덩컨은
미국 샌프란시스코에서 태어났습니다. 어린 시절 은행가였던 아
버지가 파산하면서 음악 교사였던 어머니 손에 자랐습니다.

그녀는 여섯 살 때부터 자기보다 어린 동네 아이들을 모아 놓
고 그들에게 바다의 파도를 묘사하는 춤 동작을 가르쳤고, 어머
니는 딸과 그 제자들을 위해 피아노를 연주해 주었습니다.

이사도라는 대도시에서 무용으로 이름을 날리겠다는 꿈을 안
고 시카고로 갔고, 거기서 미국에서 가장 유명한 극작가이자 연
출가인 오거스틴 데일리를 만나게 됩니다. 그의 극단에 입단해

정식으로 교육을 받게 되면서 그녀의 무용 실력은 나날이 높아져 갔지요.

이후 카네기홀에서 데뷔 무대를 가지게 된 그녀는 기존의 무용과는 다른 자신에게 맞춘 새로운 스타일의 무용을 선보였습니다. 처음에는 고전 발레와 다른, 그녀만의 새로운 스타일의 무용을 사람들은 쉽게 받아들이지 못했습니다.

그래서 그녀는 유럽으로 건너갔고, 자신만의 생각과 감성에서 우러나온 자유로운 춤은 유럽 사람들에게 신선한 충격을 주었습니다. 사람들은 새로운 춤에 열광했고, 그녀는 세계적인 무용가로 스타덤에 올랐습니다.

이사도라 덩컨은 개성과 주관이 뚜렷했습니다. 그녀는 무대 의상이나 무대 장치 등에서도 기존과 전혀 다른 새로운 색깔을 선보였고, 현대무용의 개척자로 우뚝 솟으며 세계 발레 역사에 영원히 이름을 남겼습니다.

## 새로운 발레의 개척자, 신무용 시대를 열다

이사도라 덩컨은 정식으로 예술 교육을 받은 적이 없습니다. 하지만 그녀의 어머니는 밤마다 자녀들에게 피아노를 쳐주며 음악

이사도라 덩컨

과 시, 고전을 들려주었습니다. 그녀의 문학적 소양과 예술 감각
은 그렇게 길러졌습니다.

열 살 때 학교를 그만둔 그녀는 남는 시간에는 인적이 없는 숲
속이나 해변으로 가서 춤을 추며 시간을 보냈습니다.

무용가 되기를 꿈꾸었던 이시도리는 무대에 서기 위해 시카고
로 갔지만 보는 오디션마다 번번이 낙방했습니다. 그러다 극작가
이자 연출가인 오거스틴 데일리를 만났고, 그의 극단에 정식으로
입단하게 됩니다.

극단에서 맡은 첫 역할은 셰익스피어의 〈한여름 밤의 꿈〉에서
요정의 여왕 티타니아와 함께 등장하는 요정 역할이었습니다. 이
배역을 시작으로 그녀는 정통 발레를 배우며 이를 습득하고자 연
습에 매진합니다. 하지만 거기에 그녀가 원하는 춤은 없었습니
다. 결국 그녀는 2년 만에 극단을 나오게 됩니다.

그녀의 첫 데뷔는 1899년 시카고에서 이루어졌습니다. 이사
도라는 무대에서 토슈즈를 벗어던지고 타이즈도 입지 않은 채,
맨발과 거의 반나체의 모습으로 발레를 했습니다.

그 모습을 본 관객들은 강렬한 인상을 받았습니다. 하지만 기
교 위주의 고전 발레에 익숙해져 있었기에 새로운 발레를 받아들
이지 못했지요.

"나는 우물 안 개구리가 되어서는 안 된다. 나에겐 더 큰 무대
를 필요해. 그러기엔 미국은 너무 좁아. 가자, 내 꿈을 펼칠 수 있

는 곳이라면 어디든지……."

결국 이시도리는 자신의 뜻을 좀 더 펼쳐 보이기 위해 유럽으로 갔습니다. 파리에서 새로운 무용을 발표했는데, 지금과는 다른 개성의 발레를 보여 주었습니다.

"참으로 멋지고 새로운 발레지?"

"그래. 역시 소문대로야."

그녀의 무용을 본 사람들은 하나같이 극찬했습니다.

유럽 국가 중 독일이 가장 그녀에게 열렬한 관심을 보여 주었지요.

그녀가 택한 새로운 무용 스타일은 기존 무용에 대한 거부이자 새로움을 추구하는 도전이었습니다. 그리고 그녀가 시도한 발레의 대중화 운동은 발레 역사에 하나의 혁신이었습니다.

"발레는 일부 사람들만 즐기는 무용이 아니다. 발레는 누구나 즐겨야 한다. 그것이 내가 생각하는 발레다."

이사도라 덩컨에게 고무된 사람들은 그녀가 하는 일에 열렬한 지지와 아낌없는 사랑과 관심을 보내주었고, 그녀가 전개한 발레 운동을 신무용이라고 불렀습니다. 그녀가 시도하고 보급한 신무용은, 기존 발레를 한층 업그레이드시키며 신선한 바람을 일으켰던 것이지요.

그녀가 세계 발레 역사에서 영원한 전설이 될 수 있었던 것은, 기존의 것을 보다 새로운 것으로 이끌어 낸 창조적이고 도전적인

이사도라 덩컨

마인드를 가졌기 때문입니다. 오늘날 발레가 발전하는 데 있어 그녀의 영향이 절대적이라 해도 과언이 아닙니다.

## 남과 다른 자신만의 개척자적 마인드

이사도라 덩컨은 늘 새로운 것을 꿈꾸고, 새로운 상상을 하고, 새로운 시도를 했습니다. 어떤 것을 하더라도 똑같거나 비슷한 것을 용납하지 않았지요. 이는 마치 운명처럼 그녀의 삶을 이끌어가는 동력이 되었습니다.

그녀는 무용도, 무대의상도, 무대장치도 자신이 원하는 대로 해야만 직성이 풀릴 만큼 개성이 강했습니다. 이 모든 것은 그녀의 개척자적인 정신에 기인한다고 하겠습니다.

무언가 새롭게 시도할 땐 개척자적인 마인드를 가져야 합니다. 개척자적인 마인드가 강한 사람들은 자신의 인생을 능동적으로, 스스로에게 만족하며 살아갑니다. 반면에 그런 마인드가 없거나 약한 사람들은 수동적이고 부정적으로 살아가며, 스스로를 불만족스럽게 여깁니다.

그렇다면 이러한 개척자적인 마인드를 기르기 위해서는 어떻게 해야 할까요?

첫째, 안 되면 되게 한다는 신념을 가져야 합니다.

둘째, 쓰러지면 다시 일어선다는 각오를 다져야 합니다.

셋째, 내가 하지 않으면 안 된다는 불굴의 마인드를 가져야 합니다.

넷째, 새로운 생각, 새로운 상상력을 가져야 합니다.


이사도라 덩컨은 이 네 가지를 모두 갖춘 현대무용의 어머니이지요.

## 끝없이
## 자신을 혁신시키다


발전적인 사람이냐, 그렇지 못한 사람이냐 하는 것은 '자기 혁신'에 달려 있습니다. 자신의 한계를 극복하고 추구하는 바를 해내느냐가 중요합니다.

자기 주도적인 사람은 무엇을 하더라도 두려움을 갖지 않습니다. 늘 즐기면서 낙관적으로 실행하지요. 그러나 그렇지 못한 사람은 무엇을 하더라도 두려워하고 몸을 사립니다. 그러다 보니 충분히 할 수 있는 것도 포기하고 말지요.

이사도라 덩컨은 끝없이 자신의 생각을 '체인지업' 시키며 스

이사도라 덩컨

스로를 혁신해 갔습니다. '내일이 오늘과 다르지 않다면 그것은 죽은 삶이다'라는 것이 그녀의 생각이었지요.

다음은 이사도라 덩컨이 자신을 혁신시키기 위해 마음에 품었던 생각입니다.

첫째, 늘 새로운 것에 대해 관심을 가졌고 공부했습니다.

둘째, 나는 할 수 없어, 라는 부정적인 생각은 그녀의 사전에 없었습니다.

셋째, 자신을 주도적으로 이끌었습니다.

넷째, 자기혁신을 통해 발전적인 삶을 사는 사람들과 소통했습니다.

그녀는 이 네 가지 방법을 통해 자기 주도적이며 끊임없이 혁신하는 사람이 될 수 있었습니다. 또 그렇게 됨으로써 자신의 의지대로, 스스로를 이끌며 삶을 즐겼던 것입니다. 이사도라 덩컨은 누구보다도 치열한 자기를 살아낸 현대무용의 개척자였습니다.

# 이사도라 덩컨의 씽크 포인트

 개혁적인 마인드와 자기 혁신적인 인생관을

가졌습니다.

 개성이 강하고 자기 주관이 확고하였습니다.

 창조적이고 도전 정신이 강해 언제나 새로움을

추구했습니다.

이사도라 덩컨

Dreams
come true!

# 평범한 것을 거부하고
# 자신만의 색깔을 입히다

**자하 하디드** Zaha Hadid, 1950~2016

＊

이라크 출신의 여성 건축가. 메트로폴리탄 건축사무소 공동대표.
2004년 여성 최초로 건축계의 노벨상인 '프리츠커 건축상' 수상.

———————— 세계 최고의 여성 건축가 자하 하디드. 그녀는
1950년 이라크 바그다드에서 태어났습니다.

　대학에서 수학을 전공한 후, 1972년 영국 건축협회 건축학교
에서 본격적으로 건축을 공부했습니다. 이후 네덜란드 로테르담
의 메트로폴리탄 건축사무소에서 일했고, 1979년에는 런던에 자
신의 이름을 딴 건축사무소를 냈습니다.

　그녀가 본격적으로 명성을 얻기 시작한 건 독일 바일 암 라인
의 비트라 소방서를 건축하면서부터입니다. 이후 오스트리아
인스부르크의 베르기젤 스키 점프대(2002), 독일 라이프치히의

BMW센트럴빌딩, 이탈리아 로마의 막시 현대 미술관(2008), 영국 글래스고 교통박물관(2011)·런던의 서펜타인 새클러 갤러리(2013), 중국 광저우의 오페라하우스 등 인상적인 건물을 탄생시켰습니다.

우리에게는 서울의 랜드마크인 동대문디자인플라자<sup>DDP</sup>를 설계한 것으로 유명하지요. 그녀가 쟁쟁한 경쟁자들을 물리치고 설계자로 선정된 것은 기존의 틀을 과감하게 벗어 버린 신선한 발상 덕분이었습니다.

자하 하디드 건축의 핵심은 건물과 지형과 풍경이 물 흐르듯 자연스러운 곡선으로 이어진다는 것입니다. 그녀는 인류에게 독창적인 건축물을 선물한 참신한 발상의 건축가로 평가되고 있습니다.

## 기존의 틀을 벗어나 색깔 있는 길을 열다

"이제 나의 갈 길은 정해졌다. 나의 새로운 선택이 틀리지 않았다는 것을 보여 주기 위해서라도 열심히 하자."

수학을 전공하다가 건축이라는 전혀 새로운 분야에 과감히 도전장을 내민 자하 하디드. 그녀는 자신의 새로운 선택에 충실히

자하 하디드

임했습니다. 졸업 후 메트로폴리탄 건축사무소 공동대표를 거쳐 1979년 영국에 자신의 이름을 딴 자하 하디드 건축사무소를 열었습니다.

하지만 독립 후 10년간 자하 하디드에게는 '종이 건축가<sup>Paper</sup> <sup>Architect</sup>'라는 별명이 따라다녔습니다. 종이 건축가란 실세 지을 건물보다는 개념적이고 실험적인 건축 아이디어를 도면상으로 시도하는 건축가를 말합니다.

하디드는 새로운 스타일의 건축 구상으로 국제전 공모에서 여러 차례 우승을 하며 주목을 받았습니다. 하지만 파격적이고 실험적인 그녀의 설계는 실제 시공으로 이어지지는 못했습니다. 돈되는 건축이 아니라는 선입견을 갖게 했기 때문입니다.

그러나 그녀는 실망하지 않았습니다. 반드시 자신의 개성을 알아봐 줄 기회가 올 거라고 굳게 믿었으니까요. 그러던 어느 날이었습니다. 간절히 원했던 기회가 찾아왔습니다. 독일 기업 비트라가 건축 설계를 의뢰해 온 것입니다.

그녀는 어렵게 찾아온 기회를 놓칠세라 자신의 역량과 열정을 쏟아부었고, 그렇게 해서 지어진 건물이 비트라 소방서입니다. 이 건물은 현대건축물의 걸작으로 평가 받으며 그녀를 새롭게 태어나게 했습니다.

그녀는 비트라 소방서를 반듯한 네모로 만든 정적인 형태보다는 건물의 모서리를 뾰족한 예각으로 만든 동적인 형태로 설계했습니다. 마치 조각 작품 같은 건축물이었습니다.

이 건축물은 건물의 용도뿐만 아니라, 예술적 가치를 지녀 많은 사람들에게 좋은 감상거리가 되었지요. 이에 대해 그녀는 이렇게 말했습니다.

"나는 기존의 그 어떤 것과는 좀 더 다른 나만의 개성을 보여주고 싶었다. 나다운 것 그것이 내가 추구하는 스타일이다."

이후 그녀는 오스트리아 인스부르크의 베르기젤 스키 점프대를 비롯해, 독일 라이프치히 BMW 빌딩, 중국 광저우의 오페라하우스 등을 건축하며 세계적인 명성을 쌓았습니다. 그리고 우리나라 동대문 운동장 터에 복합문화공간인 '동대문디자인플라자<sup>DDP</sup>'를 설계하기에 이릅니다.

자하 하디드는 평범한 것을 거부했습니다. 자신만의 색깔이 묻어나는 새롭고 독창적인 것을 추구했지요. 매 건축마다 더 새로운 것을 추구하며 끊임없이 진화를 거듭했습니다. 이것이 그녀를 세계적인 건축가로 거듭나게 했던 것입니다.

## 발상의 전환, 빠른 생각의 속도

누구나 할 수 있는 보편적인 생각으로는 새로운 것을 만들어 낼

자하 하디드

수 없습니다. 익숙한 것도 틀어서 볼 수 있는 발상의 전환이 필요합니다. 이는 문학이나 음악 같은 예술 분야는 물론이요, 연구개발이 필요한 각종 산업과 우리의 모든 일상에 절대적으로 필요한 것입니다.

발상의 전환은 새로운 가치를 창출합니다. 같은 것을 놓고도 달리 볼 줄 아는 눈이 있으면, 그 가치는 천차만별이 됩니다. 자기 분야에서 주목받는 이들을 보면 남들이 무심코 지나치는 작은 것에서 새로운 것을 찾아내는 눈이 좋습니다. 이런 눈을 갖고 있다는 것은 축복이지요.

이런 관점에서 볼 때 자하 하디드는 발상의 전환이 뛰어나고 생각의 속도가 매우 빠른 건축가였습니다. 그녀는 자신이 하고자 하는 바가 결정되면 신속하게 밀고 나갔지요. 망설였다가는 기가 막힌 발상을 놓칠 수 있기 때문입니다.

우리는 아이디어 전쟁이라고 부를 만큼 빠르게 변화하는 시대를 살고 있습니다. 머뭇거리며 이것저것 재다가는 힘들게 얻은 기회를 빼앗기기 일쑤입니다.

자하 하디드는 이를 누구보다도 잘 알았습니다. 쟁쟁한 건축가들이 즐비한 속에서 여자 건축가로서 살아남기란 쉽지 않았을 것입니다. 그들을 이기기 위해서는 지금까지와는 다른, 아무도 시도하지 않았던 자신만의 독특한 무언가를 보여 줘야 했습니다.

그래서 그녀는 건축물로서의 기능과 예술적인 미를 갖춘 건축물을 설계하였습니다. 그녀가 설계한 건축물은 많은 사람에게 신선한 충격을 안겨 주었지요.

그녀가 수많은 경쟁자들을 제치고 동대문디자인플라자를 설계할 수 있었던 것 또한 익숙한 형태와 재료를 뒤집는 그녀의 창의적 발상이 인정받았기 때문일 것입니다.

한마디로 자하 하디드의 성공 비결은 발상의 전환과 그것을 실행에 옮기는 생각의 속도에 있다고 하겠습니다.

## 남과 다른 시각, 자신을 믿는 강한 확신

어떤 일을 하든 남과 똑같이 하기보다는 차별화를 꾀해야 합니다. 남들처럼 해서는 그 이상을 넘어설 수 없으니까요. 무언가 달라야 사람들의 관심을 받고 주목을 끌 수 있습니다. 자하 하디드가 성공한 건축가가 될 수 있었던 비결은 무엇일까요?

첫째, 같은 생각, 같은 관점도 비틀어서 보았습니다.

자하 하디드는 작은 것 하나를 보더라도 남들과 다르게 보았습니다. 그녀가 설계한 건축물들의 선과 면, 흐름을 보면 우주에 온 것 같은 착각마저 들 정도입니다. 그녀는 기존 건축의 선과

자하 하디드

형태, 재료를 모두 비틀어 봄으로써 새로운 발상을 이끌어 냈습니다.

### 둘째, 낡고 평범한 것을 거부했습니다.

낡은 것에 매여서는 절대 틀을 벗어날 수 없습니다. 또한 평범한 것으로는 새로운 자신으로 거듭날 수 없지요. 자하 하디드는 낡고 평범한 것을 거부했습니다. 그녀는 새롭지 않으면 하지 않았지요. 이러한 신념과 철학 덕에 그녀는 건축가로 성공할 수 있었습니다.

### 셋째, 새로운 시각으로 자신의 길을 가는 사람들을 연구했습니다.

자하 하디드는 새로운 것을 추구하기 위해 정보를 수집하고, 공부하는 데 열중하였습니다. 그리고 자신과 비슷한 마인드를 가진 사람들을 연구하고 그들의 장점을 배워 자신의 것으로 만드는 데 노력을 기울였지요. 그 결과 그녀는 스스로 만족하는 결과를 얻을 수 있었습니다.

남의 것을 흉내 내는 사람은 잘나가는 사람 뒤꽁무니만 쫓아다니느라 바쁩니다. 하지만 자기만의 시각을 가진 사람은 좌고우면 하지 않고 나의 길을 갑니다. 물론 가다 보면 포기하고 싶을 때도 있고, '왜 이런 생고생을 사서 하나' 하는 생각도 들 것입니다.

그래도 가야 합니다. 그것이 자신을 위하는 길일 뿐 아니라 나를 찾는 길이기 때문입니다.

자하 하디드는 남자 일색의 세계 건축계에 비정형, 곡선, 그리고 창의적 소재와 공법, IT와 결합한 설계와 시공 등 새로운 무기를 들고 들어가 확실한 자기 세계를 구축한 건축가로 기억될 것입니다.

그녀는 자기만의 색깔을 갖는다는 것이 왜 중요한지를 온몸으로 보여 준 명품 건축 아티스트입니다.

# 자하 하디드의 씽크 포인트

 평범한 것을 거부하고 자신만의 색깔이 묻어나는

새롭고 독창적인 것을 추구했습니다.

 새로운 것을 찾아 끊임없이 진화를 거듭했습니다.

 남과 다른 시각으로 자신을 믿는 확신이 강했습니다.

Dreams
come true!

# 열정의 상상력, 마르지 않는 탐구심

**사라 문** Sarah Moon, 1941~

✳

프랑스에서 출생한 유대인계 프랑스인. 패션모델 출신 포토그래퍼.
2008년 〈12345〉라는 작품집으로 '나다르' 상 수상.

———————— 세계적인 포토그래퍼 사라 문. 그녀는 패션모델
출신으로 1970년에 스물아홉 살의 나이로 사진작가로 입문하였
습니다. 1972년 피렐리 달력을 촬영한 최초의 여성 사진작가로
명성을 얻었지요.

피렐리 달력은 이탈리아 타이어 제조업체인 피렐리가 매해 제
작해 주요 고객에게 선물하는 한정판 달력으로, 유명 작가만 참
여할 수 있는 달력입니다. 남성 작가의 고유한 영역으로 여겨졌
던 피렐리 촬영으로 그녀는 세계적인 주목을 받게 되었습니다.

17년간 패션 사진을 전문적으로 작업하던 사라 문은 이후 자

신의 내면에 더 귀 기울였습니다. 예술성을 지향하는 작업을 더 많이 선보이며 다수의 사진 전시회를 열었습니다.

그녀의 작품들은 책으로 묶여 여러 나라에서 출간되었는데, 2008년에는 〈12345〉라는 작품집으로 '나다르' 상을 수상하였습니다. 이 상은 사진가에게 주어지는 최고의 상입니다.

인상주의 화가의 작품을 연상시키는 사라 문의 작품들은 그녀만의 색깔이 분명한 개성과 철학을 담고 있습니다. 그녀는 사진의 본질을 흑과 백으로 규정하고 컬러풀한 것은 배격한 것으로 유명하답니다.

## 철저한 장인 정신, 자기를 특화시킨 발상

사라 문은 패션모델 출신의 사진작가입니다. 패션 사진을 전문으로 촬영하는 포토그래퍼로 수많은 유명 디자이너들과 함께 작업했지요. 카메라 앞에 서던 그녀가 카메라 뒤에 서게 된 것은 패션모델과는 다른 매력을 느꼈기 때문입니다. 이에 대해 그녀는 이렇게 말했습니다.

"모델 일을 하며 그다지 매력을 느끼지 못했다. 무대는 제한된 공간에 스스로의 생각에 따를 있는 여지가 적은 세계다. 게다가

사라 문

모델 일은 젊어서 한때 할 수 있는 일이라고 생각했다. 그러던 중 빌린 카메라로 사진을 찍었는데 아주 흥미로운 경험을 했다. 그러한 매력에 이끌려 사진을 찍게 되는 계기가 되었고, 나는 패션 사진에 흥미를 갖기 시작했다."

사라 문의 작품 세계는 환상적이고 동화적입니다. 사실적인 것을 찍되 그것에 환상을 입히는 것이 그녀만의 장점이지요. 일흔이 넘은 나이에 그런 환상적인 작품 세계를 보일 수 있는 비결에 대해 그녀는 다음과 같이 말했습니다.

"난 어린아이의 영혼을 아직 간직하고 있다. 예전 열정을 그대로 유지하고 있다는 것에 대해 나 자신도 놀라고 있다. 현실도 중요하지만 허구의 세계를 찍기 위해 노력하고 있다."

그녀가 작품 활동을 하며 가장 중요하게 여기는 것은 자기 자신입니다. 이는 다음의 말에서 잘 나타납니다.

"나는 나 자신을 위한 작업을 한다. 패션계의 주문을 받아도 지금 스타일과는 다른, 좀 더 틀에 박히지 않고 풍부하게 표현하려는 나만의 작업을 한다."

자기다운 표현을 중시하는 장인 정신이 그녀를 성공으로 이끈 것입니다. 실세로 그녀는 자신을 장인이라고 말하는 데 주저하지 않습니다. 장인 역시 예술가라는 것이 그녀의 생각이니까요.

사라 문은 패션 사진만 하지 않습니다. 영화감독으로도 활동하고 있습니다. 그녀가 패션모델 일을 하다 진로를 사진가로 바꾸고, 또 영화감독이 될 수 있었던 것은 그녀의 이 같은 확고한 신념 넉분입니다.

자신의 길에서 어느 정도 성공한 사람이 다른 길에 도전한다는 것은 쉬운 일이 아닙니다. 지금 가는 길은 그동안 갔던 길이라 익숙하지만, 새로 가는 길은 어떤 변수가 있을지 몰라 불안하기 때문입니다. 그러나 사라 문은 모험과 같은 길을 마르지 않는 열정으로 걸어간 끝에 성공을 거두게 됩니다.

## 뛰어난 모험 정신, 마르지 않는 열정

사라 문은 뛰어난 모험 정신을 지녔습니다. 늘 새로운 것에 관심을 기울였으며, 주변에서 늘 보던 것들도 새로운 시각으로 바라보았습니다. 이러한 마인드는 언제나 그녀를 새로운 세계로 이끌었습니다. 게다가 그녀는 뜨기운 열정을 품고 있었습니다. 그녀는 남성이 주도하던 당시 패션 사진계에서 살아남기 위해 스스로를 독려했습니다.

사라 문이 자신만의 작품 세계를 갖게 된 것은 남과 다른 색깔을 보여 주어야 한다는 신념과 철학이 있었기 때문입니다. 패션 사진에 자신만의 색깔을 담아냄으로써 독보적인 경지에 올랐지요.

사라 문

사라 문에게도 슬럼프는 있었습니다. 하지만 그때마다 마르지 않는 열정이 그녀를 슬럼프의 구덩이에서 건져 주었습니다. 아무리 힘들고 어려운 현실이 닥친다 해도 열정이 있으면 이겨 낼 수 있습니다. 열정은 취약한 점을 이겨 내게 하고, 자신이 목적하는 것을 성사시키는 중요한 마인드이니까요.

반면에 열정이 없으면 의지도, 목적의식도 사라져 버립니다. 작은 좌절에도 의기소침해져 아무 의욕을 갖지 못하게 되지요. 그렇게 마음의 갈등을 겪게 되면 당장 해야 할 일도 미루게 됩니다. 이것이 반복되면 한없이 나태해지지요.

사라 문은 마르지 않는 열정을 유지하기 위해 자신의 빛나는 미래를 꿈꾸며, 늘 고민하고 공부했습니다.

 ## 변화를 따르는 것은 새로운 자기 창조다

지금까지와 다른 길로 가는 것은 또 다른 자기 창조입니다. 가보지 않은 길에 대한 두려움은 누구에게나 있습니다. 그럼에도 그 길을 가기 위해서는 용기가 필요합니다. 사라 문은 또 다른 자신을 창조하기 위해 다음과 같이 노력했습니다.

### 첫째, 새로운 길을 가는 것에 대해 두려움을 없앴습니다.

사라 문은 두려움이 작용하는 한 그 길을 잘 갈 수 없다고 믿고, 언제나 당당하게 자신이 원하는 것을 시도하였지요.

### 둘째, 새로운 마인드, 새로운 가치관을 정립하였습니다.

새 술은 새 부대에 담아야 한다는 말처럼, 낡은 마인드, 낡은 가치관으로는 새 길을 갈 수 없습니다. 사라 문은 늘 새로운 생각으로 넘쳐났지요. 이러한 마인드는 그녀에게 끊임없이 새로운 에너지를 불어넣어 주었습니다.

### 셋째, 새로운 생각을 가지고 새로운 길을 가는 사람과 교류했습니다.

그러한 사람들은 우리 인생에 있어 나침반과 같은 역할을 합니다. 사라 문은 새로운 시각을 갖고 있는 사람들과 교류하고, 그들로부터 영감을 얻어 자신만의 새로운 시각을 창조해 낼 수 있었던 것입니다.

이 세 가지를 마음에 새겨 꾸준히 실천했기에 오늘의 사라 문이 존재할 수 있는 것입니다. 새로운 변화를 따르는 것이 곧 새로운 자기 창조라는 것을 기억하기 바랍니다.

사라 문

# 사라 문의 **씽크 포인트**

✦

---

**1** 철저한 장인 정신으로 무장하고 두려움을 없앴습니다.

---

**2** 모험과도 같은 길을 마르지 않는 열정으로 갔습니다.

---

**3** 변화를 리드하며 자기를 혁신하는 창조적인 마인드를

가졌습니다.

---

---

---

Dreams
come true!

# 파워 싱크와 소프트 싱크가 융합하다

**미첼 바첼레트** Veronica Michelle Bachelet Jeria, 1951~

❉

남미 첫 여성 대통령.
제39대, 41대 칠레 대통령 역임(2006~2010, 2014~2018).
전 UN 인권최고대표.

——————— 남미 최초로 여성 대통령이 된 칠레의 미첼 바첼레트. 그녀는 2006년 선거를 통해 당당하게 칠레의 대통령이 되었습니다.

그녀는 대통령이 되기 이전에는 소아과 의사로 일했으며, 보건장관을 거쳐 칠레 최초의 여성 국방장관을 역임한 바 있습니다. 이렇듯 그녀의 이름 앞에는 최초라는 말이 늘 따라붙습니다.

미첼 바첼레트는 중도실용주의 리더십으로 건실한 경제 성장을 이끌었고, 칠레는 2010년 1월 선진국 클럽인 '경제협력개발기구OECD'에 남미에서는 최초로 가입했습니다. 그녀는 2010년 퇴임 때 84%나 되는 국민의 지지를 받은 것으로도 유명합니다.

그로부터 3년 뒤인 2013년 대통령 선거에서 다시 승리함으로써 그녀는 2014부터 2018년까지 대통령직을 맡아 재선 대통령으로 칠레를 이끌었습니다.

그녀가 성공적인 대통령이 될 수 있었던 것은 두둑한 배짱과 용기, 결단력과 판단력, 그리고 통치력이 있었기 때문입니다.

## 선 굵은 포용력과 결단력, 여성적 리더십의 조화

미첼 바첼레트는 탁월한 리더십으로 국가를 이끈 지도자 중 한 사람입니다. 그녀는 남미 최초의 여성 대통령일 뿐 아니라 세계 최초로 남녀 동수의 내각을 출범시킨 것으로도 유명합니다.

선거 당시 "대통령이 되면 장관직 상당수를 여성에게 맡기겠다"는 공약을 내걸었고, 그것을 지킨 것입니다. 양성평등은 그의 강력한 모토였고, 실제로 그의 재임 기간 동안 칠레 여성의 지위가 향상되었습니다.

또한 과거사 청산을 주도했습니다. 사실 미첼 바첼레트 자신이 국가 폭력의 피해자였습니다. 그녀의 아버지는 고문을 받다 군사정권에 의해 희생되었습니다. 하지만 그녀는 억울하게 세상을 떠난 아버지의 원한을 갚기보다는 국가의 미래와 국민들의 평화, 경제 성장과 안정을 위해 정적들을 용서하고 화합을 이끌어 냈습니다.

이는 어지간한 남자 대통령도 시도할 수 없는 포용이며 결행이었다는 데 큰 의미가 있습니다. 여기서 대통령으로서의 그녀의 진면목이 잘 드러납니다.

화합과 협력으로 국가의 발전을 이끌어 낸 미첼 바첼레트의 유연한 마인드와 탄력성 있는 리더십은 위기에 처한 국가경제를 안정시켰습니다. 그 덕분에 칠레는 남미 최초로 경제개발협력기구OECD의 일원이 될 수 있었지요.

다음은 대통령으로서 그녀가 지닌 지도력을 잘 알게 해주는 이야기입니다.

그녀의 대통령 퇴임을 며칠 앞두고 칠레에 큰 지진이 일어났습니다. 건물이 무너지고 도로가 끊기는 등 수많은 인명이 죽고 다쳤지요. 그야말로 하루아침에 나라가 쑥대밭이 되었습니다. 그녀는 한 치의 망설임도 없이 즉각 각료들에게 소집 명령을 내렸지요. 모두의 얼굴엔 긴장감이 돌았으나 그녀는 빈틈없는 자세로 힘주어 말했습니다.

"우리는 지금 위기를 맞았습니다. 하지만 이럴 때일수록 우리는 힘을 모아야 합니다. 각료들께서도 각자의 위치에서 난관을 수습하는 데 최선을 다해 주시기 바랍니다."

그리고 차분하고 신속하게 대응하였습니다. 오전에 각료들과 군 장성들을 내동링 궁에 소집해 정부대책회의를 연 뒤, 약탈이 벌어진 마울레와 콘셉시온 지역에 즉각 계엄령을 선포했습니다. 또 줄을 선 피해 지역 주민들에게 슈퍼마켓의 음식을 공짜로 배포하는 등 응급조치를 취했습니다.

직접 사고 지역을 뛰어다니며 이재민들을 격려하고 용기를 북돋워 주는 대통령의 모습에 국민들은 마음의 안정을 되찾았고 위기를 극복하였습니다. 그 결과 그녀는 대통령 퇴임시 84%라는 막대한 지지율을 기록했습니다.

칠레는 대통령 연임이 금지되어 있기에 국민들은 4년 뒤 다시 대통령으로 만나자며 열광적 지지를 보냈습니다. 실제로 2014년 미첼 바첼레트는 재선 대통령이 되지요.

미첼 바첼레트가 성공적인 대통령이 될 수 있었던 요인은 그녀의 포용력과 결단력, 여성적 리더십에서 찾을 수 있습니다. 그녀는 협상의 달인이라는 별명을 얻을 만큼 적극적인 대화와 소탈한 엄마 특유의 이미지로 국가적 난제들을 과감히 헤결해 나갔습니다.

한마디로 미첼 바첼레트는 여성성을 잘 보여 준 탁월한 리더십의 여제라 할 수 있을 것입니다.

미첼 바첼레트

## 여성이라서
## 할 수 없다고?

여성은 결코 약하지 않습니다. 여성 특유의 섬세함과 따뜻함, 공감과 소통의 리더십으로 남성보다 더 강한 힘을 보여 줄 때가 많습니다. 만약 미첼 바첼레트가 '나는 여자인데 그것을 어떻게 하지?'라고 생각했다면 아무것도 할 수 없었을 것입니다.

여성이기에 갖게 되는 사회적 제약을 극복하고 성공할 수 있었던 이유는 그녀에게는 국민을 사랑하고, 진정으로 나라를 위하는 마음이 있었기 때문니다. 이런 신념과 투철한 책임감으로 인해 그녀는 한시도 자신의 안위와 유익에 대해 생각하지 않았지요.

그리고 어떤 일이든 실행하고자 생각한 것은 곧바로 행동으로 옮기고 적극적으로 실천하였습니다. 이처럼 신속하고 일관성 있는 대처는 국민들에게 깊은 신뢰감을 주었지요.

또한 자신이 한 말은 반드시 지켰습니다. 여성과 남성의 구별 짓기는 적어도 미첼 바첼레트에겐 통하지 않았습니다.

모든 행동은 생각의 지배를 받습니다. 생각한 대로 행동하게 마련이니까요. 이에 대해 미국의 저술가이자 강연가인 얼 나이팅게일은 다음과 같이 말했습니다.

"생각하는 방식을 바꾸면 느끼는 방식도 바꿀 수 있다."

미첼 바첼라트가 여성 대통령으로서 성공할 수 있었던 것은 여성이라서 할 수 없다는 생각을 과감하게 깨트리고 자신이 하고자 했던 모든 것을 행동으로 옮겼기에 가능한 일이었습니다.

## 두둑한 배짱과 용기, 화끈한 오픈 마인드

다소곳하고 순응적인 여성상은 더 이상 통하지 않습니다. 여성도 능력이 있으면 어느 분야에서건 자신의 꿈을 키울 수 있는 시대가 되었으니까요. 당당함과 용기, 두둑한 배짱은 21세기를 사는 여성이 갖춰야 할 필수 마인드 중 하나입니다.

미첼 바첼레트는 남성 각료들, 정치인들과 교류함에 있어 당당하고 유연한 이미지를 심어 주었고 이는 강한 카리스마로 작용했습니다. 그렇다면 그녀는 어떻게 배짱과 용기, 화끈한 오픈마인드를 지닐 수 있었을까요?

첫째, 남성을 능가할 수 있는 실력을 갖추었습니다.

실력을 갖추면 자신감과 용기가 생깁니다. 미첼 바첼레트는 누구와도 막힘없이 토론할 수 있는 실력을 갖춤으로써 자신이 원하는 것을 실행하고, 대통령으로서의 자질을 유감없이 발휘하였

미첼 바첼레트

습니다.

둘째, 자신을 여성이라고 생각하기보다는 한 사람의 인격체라
고 생각했습니다.

이러한 생각은 여성, 남성이라는 성적 구별을 뛰어넘어 남녀
를 동등한 입장에서 바라보는 눈을 갖게 하지요.

셋째, 스스로 나약한 존재라고 생각하지 않았습니다.

미첼 바첼레트는 어느 한순간도 자신의 나약함을 드러내 보
인 적이 없습니다. 그것은 자신을 기만하는 일이라고 여긴 것이
지요.

미첼 바첼레트는 이 세 가지를 바탕으로 두둑한 배짱과 용기,
화끈한 오픈 마인드를 보여 줌으로써 국민들의 깊은 공감을 이끌
어 내며 성공한 정치인이 될 수 있었습니다.

# 미첼 바첼레트의 씽크 포인트

**1** 두둑한 배짱과 용기, 결단력과 판단력,

포용력과 카리스마 넘치는 통치력을 갖추었습니다.

**2** 투철한 책임감으로 국민을 사랑하고,

진정으로 나라를 위하는 마음을 가졌습니다.

**3** 생각한 것은 곧바로 행동으로 옮겼으며

하고자 한 대로 실천하였습니다.

Dreams
come true!

# 아메리칸드림을 꾸고
# 아메리칸드림을 실현하다

## 인드라 누이 | Indra Nooyi, 1955~

✳

인도 출생. 미국 예일 대학교 경영대학원 졸업.
펩시코 전 CEO. 2007년 포춘지 선정 '가장 영향력 있는 여성 경영인' 1위.
저서《내 삶의 모든 것: 직장, 가족, 그리고 우리 미래》.

─────────── 인드라 누이는 인도 남부 첸나이 중산층 가정에서 태어났습니다. 마드라스 크리스천 대학에서 화학을 전공하고, 인도 경영대IIM에서 경영학 석사학위MBA를 받았지요.

그녀는 학교를 졸업한 후 직장인이 되었습니다. 하지만 그녀가 품은 꿈을 실현하기에 조국 인도는 경제적으로나 사회적으로 너무나도 열악한 나라였습니다.

자아를 실현할 만반의 준비를 마친 그녀는 1978년 아메리칸드림을 꿈꾸며 미국 땅을 밟았습니다. 그녀는 예일대에 들어가 열심히 공부한 끝에 다시 경영학 석사를 땄습니다.

강력한 추진력과 실천력, 빠른 두뇌 회전을 갖춘 인두라 누이는 컨설팅 회사인 비스터컨설팅그룹, 휴대폰 회사인 모토로라에서 경력을 쌓았습니다. 그리고 1994년 펩시코에 입사했습니다.

입사 후 그녀는 여성 신화를 써 내려갔고, 부사장, 최고재무책임자CFO를 거쳐 2006년 10월 여성 최초로 펩시코 CEO 자리에 올랐습니다. 내로라하는 백인 남성들의 숲을 뚫고 '유리 천장'을 차례로 깨부순 것입니다.

누이는 여기에 그치지 않고 이듬해 5월에는 회장직까지 맡았습니다. 펩시코 회장 자리에 앉은 그녀는 만년 2등이던 펩시코가 코카콜라를 제치고 1등을 차지하는 데 가장 큰 공헌을 했습니다.

여성 그리고 외국인으로서 차별을 넘어 최고의 자리에 오른 인두라 누이는 기업을 위기에서 구한 리더로 자신의 존재 가치를 널리 알리며 꿈을 이루었습니다.

## 원칙에 따라 꿈을 디자인하기

사람은 누구나 자신만의 꿈이 있습니다. 그 꿈이 얼마나 크고 거창한지, 또는 얼마나 작고 소박한지는 그리 중요하지 않습니다. 더 중요한 것은 자신에게 잘 맞는 꿈이냐 하는 것입니다. 그래야

인드라 누이

자신의 꿈을 이룰 확률이 그만큼 높아지니까요.

자신에게 잘 맞는 꿈을 정하기 위해서는 어떻게 해야 할까요?

첫째, 자신이 가장 잘할 수 있는 것이어야 합니다. 잘하는 일일수록 그만큼 자신감이 서고 효과적으로 이뤄 낼 수 있기 때문입니다.

둘째, 적성에 맞는 일을 선택해야 합니다. 아무리 좋은 일도 적성에 맞지 않다면 오래 할 수 없겠지요.

셋째, 자신의 능력을 벗어나는 일은 절대 하지 말아야 합니다.

이 세 가지 원칙을 기준으로 꿈을 정할 때 성공 확률도 그만큼 높아질 것입니다.

그런데 이를 무시하고 직업의 외형적인 모습만 보고 꿈을 정하는 경우가 많습니다. 돈벌이가 더 잘된다거나 남들 보기에 더 번듯한 직업을 고르는 것입니다. 수입이 많거나 남들이 선호하는 직업이라고 해서 반드시 자아실현에 대한 만족도가 높은 것은 아닙니다. 만족도는 그 일이 얼마나 자신의 적성과 능력에 잘 맞는가에 달려 있으니까요.

그리고 꿈이 정해지면 관련 자료를 수집하고, 분석하는 등 치밀한 계획을 세워야 합니다. 무엇보다 중요한 것은 철저하게 준비해 실천에 옮겨야 한다는 것입니다. 또한 꿈을 이루는 과정에서 예기치 못한 일을 겪더라도 절대로 포기해서는 안 됩니다.

꿈을 이루기 위한 원칙을 안다고 해서 이를 모두가 실천할 수 있는 것은 아닙니다. 인두라 누이는 이러한 원칙을 지키고 실행함으로써 세계에서 가장 각광받는 여성 CEO가 되었습니다. 여러분이 가슴에 품고 있는 꿈이 무엇이든 철저하게 원칙을 따를 때 이루어질 확률이 높아집니다.

## 빈틈없이
## 꿈을 실행하기

인드라 누이는 인도에서 태어났습니다. 대학을 마치고 직장 생활을 하던 중 그녀는 1978년 미국으로 건너갑니다. 예일대에 들어가 다시 경영학 석사를 딴 그녀는 보스턴컨설팅그룹과 모토로라 등에서 전략기획 분야를 맡으며 능력을 인정받았습니다.

그러던 어느 날 그녀에게 보다 나은 기회가 찾아왔습니다. 그녀의 능력을 눈여겨본 펩시코에서 영입 의사를 보낸 것이지요. 그런데 펩시코에 합류할 당시 인드라 누이는 제너럴 일렉트릭<sup>GE</sup>에서도 러브콜을 받았습니다. 당시 펩시코 CEO 웨인 칼로웨이는 그녀를 다음과 같이 설득했다고 합니다.

"잭 웰치는 내가 아는 최고의 CEO이고, 제너럴 일렉트릭은 아

인드라 누이

마도 세상에서 가장 뛰어난 회사일 겁니다. 하지만 나는 당신과 같은 사람이 꼭 필요합니다. 펩시코를 당신을 위한 특별한 공간으로 만들겠습니다."

이 말에 감동받은 그녀는 자신의 가치를 알아준 펩시코에 합류해 여성 리더로 승승장구했습니다. 결국 내로라하는 쟁쟁한 백인 남자들의 숲을 뚫고 최고의 자리에 올랐지요.

펩시코 회장 자리에 앉은 그녀는 만년 2등이던 펩시코가 코카콜라를 누르고 1등을 차지하는 데 가장 큰 공헌을 하였습니다. 펩시코가 코카콜라를 이긴 것은 무려 100년 만의 일이었습니다. 펩시코로서는 일대 혁신이자 기적 같은 일이었지요.

인드라 누이는 웰빙 바람이 불어 콜라 등 탄산음료 시장이 한계에 봉착할 것을 예측하고, 음료와 식품 등의 분야로 사업을 다각화할 것을 주장했습니다.

실제로 그녀는 피자헛, KFC 등 펩시코의 패스트푸드 부분을 정리하고 주스업체 '트로피카나'와 스포츠음료 업체 '퀘이커오츠'를 인수했습니다. 또 스낵업체를 인수해 식품으로도 영역을 넓혔습니다. 그녀의 예측은 적중했고, 100% 성공을 거두었습니다.

인드라 누이는 자신의 꿈을 이루기 위해 열정을 다 바쳐 일했습니다. 그녀의 장점은 정확한 데이터와 탁월한 사업 분석능력, 뛰어난 창의력에 있습니다.

그녀가 기획한 일은 매번 대단한 성과를 거두었고, 이는 곧 그녀의 가치를 한껏 높여 주었습니다. 인드라 누이는 말합니다.

"당신이 새로운 사업 모델을 개발했다고 생각하는 순간, 그것은 사라진다. 왜냐하면 누군가는 그것을 모방할 것이기 때문이다."

과연 최고의 CEO다운 생각이 아닐 수 없습니다. 자신의 꿈을 이루기 위해 주도면밀하게 계획을 세우고 미국을 선택한 인드라 누이. 전 세계 최고의 지식인들이 활개를 치는 드넓은 미국에서, 그것도 여자의 몸으로 성공 신화를 새롭게 쓴 그녀의 최대의 장점은, 무에서 유를 창조하는 독창적인 창의력입니다.

 ## 감성지능형 리더십을 활용하다

인드라 누이는 여성의 섬세함을 경영에 적극 활용함으로써 자신의 능력을 최대한 끌어올려, 세계적인 여성 CEO가 됐습니다.

실제로 그녀는 펩시코 회장이 되어서도 자연스러운 분위기에서 회의를 주도하고, 격의 없는 대화를 하는 등 커뮤니케이션을 중시하였습니다. 그래서 그녀에게 내려진 평가는 '감성지능형 리더십 CEO'이지요.

감성지능형 리더십이란 경영자가 부하직원에게 일방적으로

지시를 내리는 것이 아니라, 한 사람의 인격체로 대하며 마음과 마음을 잇는 경영방식을 말합니다. 말하자면 가족과 같은 편안함, 정서적 안정감을 제공함으로서 끈끈한 유대감을 갖게 하는 것이지요.

이러한 따뜻한 유대감은 경영자와 직원들 간에 믿음이 싹트게 합니다. 그렇게 생긴 믿음은 직원 개개인의 애사심으로 이어지고 회사는 안정적으로 발전해 나가게 되지요.

인드라 누이는 바로 이 점에 착안하여 실행했고, 그 결과는 그녀에게 성공이라는 빛나는 타이틀을 안겨 주었습니다. 그녀의 성공 마인드를 배우기 위해서는 다음의 세 가지를 실천해야 합니다.

첫째, 폭넓은 상식을 길러야 합니다. 언제나 책을 손에서 놓지 마세요.

둘째, 지치지 않는 열정을 가져야 합니다. 아무리 좋은 목표도 열정이 식으면 이뤄 낼 수 없습니다.

셋째, 자신이 하는 일에 빈틈이 생기지 않게 철저하게 자신을 관리해야 합니다. 그러한 빈틈이 결국 실패의 원인이 되기 때문입니다.

인드라 누이의 성공 비결을 실행하기 위해서는 그에 맞는 마인드와 능력을 갖춰야 합니다. 그렇지 않으면 생각으로만 그치게 될 테니까요.

# 인드라 누이의 씽크 포인트

1. 독창적인 창의력과 열정적인 마인드로 최선을 다했습니다.

2. 휴머니즘에 입각한 '감성지능형 리더십'을 지녔습니다.

3. 탁월한 사업 분석능력으로 세계 시장의 흐름을 정확히 예측하는 예지력을 가졌습니다.

Dreams
come true!

# 아프리카를 무대로
# 자신의 신념을 이루다

**제인 구달** Jane Goodall, 1934~

米

영국 출생. 동물행동학자. 침팬지 연구 권위자.
2019년 미국 타임지 '세계에서 가장 영향력 있는 100인 지도자 부문' 선정.
저서 《제인 구달 생명의 시대》, 《희망의 밥상》 외 다수.

—————— 침팬지와 평생을 함께 하며 영장류 연구에 평생
을 바친 이 시대의 진정한 동물학자이자 휴머니스트인 제인 구달.

어린 시절 그녀의 꿈은 동물을 관찰하고 동물의 행동에 대한
글을 쓰는 것이었습니다. 책을 보며 아프리카에 대한 꿈을 키웠
지만, 가정 형편 때문에 열여덟 살에 학업을 그만두고 비서학교
에 들어갔습니다.

그러다 스물세 살에야 친구의 초청으로 아프리카에 가게 되
고, 그곳에서 인류학자인 루이스 리키 박사를 만나 침팬지를 연
구할 기회를 갖게 되었지요.

제인 구달은 밤낮으로 침팬지를 관찰하며 소리, 몸짓, 특징을 세밀히 살피며 기록하였습니다. 그 결과 침팬지들이 사람처럼 도구를 사용한다는 것을 알게 되었지요.

그녀는 지속적이고 체계적인 연구를 하기 위해 학사학위 없이 캠브리지 대학교에 입학하여 동물행동학으로 박사학위를 받았습니다. 그리고 1977년 '제인 구달 연구소'를 설립하였지요.

그 후 더 폭넓은 침팬지를 연구하게 되었고, 연구한 것들을 책으로 써서 사람들에게 알리는 데 주력하였습니다. 그동안 쓴 책으로는 《내 친구 야생 침팬지》, 《무지한 킬러들》, 《인간의 그늘 아래서》, 《내가 사랑한 침팬지》, 《무지를 넘어서》 등이 있습니다.

그녀는 침팬지를 비롯한 동물들을 보호하는 데도 앞장서며 인간과 동물이 함께 평화롭게 살아가도록 하기 위해 노력하고 있습니다. 이런 노력을 인정받아 그녀는 2019년 미국 타임지 '세계에서 가장 영향력 있는 100인 지도자 부문'에 선정된 바 있습니다.

## 나만의 길을 찾아 올곧게 걸어가다

자아를 실현하고 진정한 기쁨과 행복을 얻고 싶다면, 나만의 길을 찾아 걸어가는 것이 좋습니다. 진정으로 원하는 일이 있다면 누가 뭐라고 하든 끝까지 해보는 것이 좋습니다. 그래야 아쉬움이 남지 않습니다.

그런데 그렇게 한 길을 걷다 보면 때로 조바심이 나고 초조하기도 합니다. 원하는 대로 일이 잘되지 않을 때는 '이 일을 계속해도 될까, 아니면 여기서 그만두어야 할까' 하는 생각이 끝도 없이 마음을 괴롭힙니다.

하지만 진정으로 자신이 원해서 하는 일이라면 성공 여부는 중요하지 않습니다. 사람들이 우러러보고 부러워하는 이들 중 상당수는 이러한 마음의 갈등과 싸우면서도 자신의 길을 올곧게 걸어간 사람들입니다.

흔들리지 않고 가는 삶이 어디 있겠어요? 인간이란 끊임없이 갈등하고, 그 갈등을 극복하면서 살아가는 존재랍니다. 그리고 그러한 과정을 거쳐 이뤄 낸 일이 더 가치를 인정받고 그 빛을 뿜어 내지요.

인간은 생각하고 상상하는 동물이기에 갈등은 필연적으로 따라오는 것입니다. 갈등 없이 산다면 로봇과 다를 바 없지요. 그러니 갈등을 피하려고 하지 말고, 갈등과 맞서야 합니다. 그래야 삶의 진정성을 알게 되고, 그 속에서 행복해하는 자신을 발견하게 될 테니까요.

남들이 망설이는 길을 걸어가는 경우에는 더더욱 어렵습니다. 고독의 길이고, 때론 눈물의 길이 되기도 하지요. 하지만 자신이 꼭 가기를 원하는 길이라면, 그 길을 걸어야 합니다.

동물행동학자로 영장류 연구에 일생을 바친 제인 구달이 바로 그런 사람이지요. 아무도 가지 않은 길을 찾아 굳세고 올곧게 자신이 원하는 길을 걸어간 끝에 그녀는 침팬지 연구 최고의 권위자가 되었습니다.

그녀는 자신의 인생을 후회 없이 살아온 사람으로서 지금도 동물 보호에 앞장서고 있습니다. 제인 구달은 이 시대 참된 인생의 롤모델입니다.

## 한번 시작한 일은 끝까지 간다

'침팬지의 대모'라는 수식어로 유명한 제인 구달은 자신의 꿈을 이루기 위해 사나운 맹수가 득실거리고 갖가지 풍토병이 도는 아프리카 정글을 누비며 침팬지를 연구하고 보존하는 데 일평생을 바쳤습니다.

제인 구달은 어려서부터 동물을 너무나도 좋아했습니다. 10대 때부터 자신의 꿈을 설계하고, 동물에 대한 책을 탐독하며 다양한 지식을 길렀지요. 바로 그 꿈을 이루지는 못했지만, 만반의 준비를 마친 제인 구달은 스물세 살 때인 1957년 친구의 초청을 받

제인 구달

고 아프리카 케냐로 날아갔습니다.

그리고 그곳에서 고생물학자인 루이스 리키를 만나게 되고, 운 좋게 그의 비서로 들어가게 됩니다. 그리고 마침내 기회를 잡습니다. 대형 유인원을 연구할 현장 연구원을 선발하는 데 자원한 것이지요.

다시 영국에 돌아와 동물원에서 일하며 침팬지에 관한 '선행학습'을 한 제인 구달은 1960년 탄자니아의 곰베 침팬지 보호구역에 들어가 야생 침팬지들과 함께 지내며 본격적으로 침팬지 연구를 시작했습니다.

침팬지는 도구를 사용하는 영리한 유인원이지만 임팔라나 원숭이 같은 작은 동물을 잡아먹고, 팔 힘은 성인 남자의 4배가 넘는 공격성을 가진 위험한 동물입니다. 그런 침팬지와 야생에서 산다는 것은 자살행위나 마찬가지지요.

한번은 큰 위험에 빠진 적이 있었습니다. 어느 날 정글에 들어갔다 맹수와 맞닥뜨린 것입니다. 아무리 위험한 맹수도 자신이 공격당하지 않는다는 걸 알면 피해 간다는 것을 잘 알았던 그녀는 침착하게 처신하여 죽을 고비를 가까스로 넘깁니다. 그 일이 있고 나서도 그녀는 연구를 하는 도중 수없이 동물의 습격을 받곤 했지요.

아무리 강심장을 가진 사람도 목숨을 수시로 위협 받으면 그만두는 것이 당연한 일일 것입니다. 누구나 목숨은 단 하나뿐이니까요. 하지만 그녀는 달랐습니다. 자신이 간절한 바랐던 꿈이었기에 조금도 흔들리지 않았지요.

자아실현을 위한 제인 구달의 신념은 확고했고, 그녀를 40년이 넘도록 침팬지 연구에 몰입하게 했습니다.

그녀는 침팬지가 나뭇가지를 도구 삼아 개미 구멍을 쑤셔 흰개미를 잡아먹고, 열매를 따 먹을 때 나뭇가지를 치며, 돌멩이를 망치처럼 이용해 견과를 으깬다는 연구 보고를 통해 '오직 인간만이 도구를 제작하고 사용한다'는 통념을 뒤엎었습니다.

또 침팬지가 채식뿐만 아니라 사냥과 육식도 즐긴다는 사실을 밝혀냈습니다. 제인 구달의 이러한 연구 결과는 전 세계를 놀라게 했습니다.

야생동물을 연구하면서 아프리카의 환경이 급속도로 파괴되어 가고 인간과 동물 모두 비참한 처지에 빠진 것을 목격한 제인 구달은 1977년 야생동물에 관한 연구와 교육, 보호를 위한 '제인 구달 연구소'를 설립하고 환경운동을 시작했습니다.

그녀는 침팬지 연구와 환경운동에 대한 공로를 인정받아 알버트 슈바이처 상, 에든버러 메달, 내셔널지오그래픽 소사이어티 허바드상을 비롯하여 벤자민 프랭클린 메달과 세계야생동물보호기금 평생공로상을 받았습니다.

제인 구달의 위대성은 자신의 자아를 실현함은 물론 동물을 보호하고 환경을 보존하는 일이 곧 온 인류를 위하는 일이라고 여긴 것입니다. 그리고 목숨을 걸고 평생을 다 바쳐 그 일을 해내며, 인생을 승리로 이끌어 냈다는 데 있습니다.


##  자기를 극복하는 강한 정신력을 갖다

'인내는 쓰나 그 열매는 달다'는 말이 있습니다. 그 무엇도 인내 없이 되는 일은 없습니다. 마음먹은 대로 일이 잘될 때는 하늘을 날 듯 기분이 좋지만, 그렇지 않을 땐 수도 없이 포기하고 싶은 마음이 들지요. 이럴 때 견디게 해주는 것이 인내입니다.

열사의 땅 아프리카에서 제인 구달이 40년간 침팬지 연구를 계속할 수 있었던 가장 큰 요인은 탁월한 인내심이었습니다. 그녀의 인내심은 웬만한 남자들을 능가했고, 생명의 위협도 이겨내게 했습니다. 그랬기에 그녀는 전 세계인들로부터 존경을 받고, 닮고 싶은 롤 모델이 될 수 있었던 것입니다.

지금 이 순간 자신과의 싸움에 지쳐 포기하고 싶은 마음이 든다면 홀로 아프리카 정글에서 버텼을 제인 구달을 한번 생각해 보기 바랍니다.

마음을 독하게 먹으면 없던 인내심도 생겨납니다. 지금 당장 마음을 추스르고 거울 앞에 서서 자신을 들여다보세요. 그리고 이렇게 외쳐 보기 바랍니다.

"할 수 있다! 나를 이길 수 있다! 나는 나다!"

날마다 꾸준히 반복해 보세요. 이러한 과정을 통해 내면 깊이 잠자고 있던 새로운 자신을 끌어내야 합니다. 이렇게 자신을 이겨 낸 사람만이 인생의 참 기쁨을 누릴 수 있습니다.

제인 구달

# 제인 구달의 씽크 포인트

✦

---

**1** 나만의 길을 찾아 굳세고 올곧게 걸어갔습니다.

---

---

**2** 한번 시작한 일은 포기하지 않고 끝까지 갔습니다.

---

---

**3** 자기를 극복하는 강한 정신력으로 수많은 어려움도

참고 이겨 냈습니다.

---

---

---

---

Dreams
come true!

# 카리스마 넘치는 기개와 통찰력의 파워

**마거릿 대처** Margaret Hilda Thatcher, 1925~2013

'철의 여인'으로 불리는 영국의 정치가.
영국 최초의 여성 총리로 총리직 3번 연임.
대처리즘이란 신조어를 만들어 냄.
1991년 오더 오브 메리트Order of Merit 훈장 수훈.
1992년 남작 작위, 1995년 가터 훈장 받음.

――――――― 영국의 역대 총리 가운데 최초로 3번 연임하는
데 성공한 마거릿 대처. 여성이지만 역대 그 어느 총리보다도 강
인하고 철저했던, 당차고 의욕적이었던 대처는 고대와 중세는 물
론이요 근대, 현대에 이르는 세계 정치사에서 보기 드문, 성공한
여성 정치가입니다.

그녀는 기나긴 공직 생활 끝에 1975년 여성으로서는 영국 최
초로 보수당 당수가 되었습니다. 그리고 1979년 총선거에서 보
수당이 승리함으로써 영국 최초의 여성 총리가 되는 영광을 품에
안았지요.

남성이 주류를 이루는 사회에서 여성이 집권 여당의 당수가 되고, 한 나라를 이끄는 통치자가 된다는 것은 쉽지 않은 일입니다. 소수자인 여성으로서 느끼는 고충이 그만큼 더 많고 클 수밖에 없으니까요. 그럼에도 그녀는 누구보다도 강했고, 자기 관리에 철저했습니다. 또한 공직자로서 품위를 잃지 않고 원칙적이고 모범적인 생활을 한 것으로도 유명합니다.

그런 까닭에 사람들은 그녀를 '철의 여인'이라 부릅니다. 넉네임처럼 대처는 카리스마 넘치고 품격 있는 여성 총리였습니다.

 ## 뛰어난 리더십과 강력한 장악력을 지니다

여성의 역할이 그 어느 때보다도 중요한 시대입니다. 양성평등이라는 용어가 널리 쓰이고, 사회 각 분야에서 여성들의 진출이 부쩍 늘었습니다. 여성들이 다양한 분야에서 자신의 능력을 발휘하며 약진을 거듭하고 있지요.

이럴 때 여성들이 갖춰야 할 여러 요건 중 가장 중요한 것이 리더십입니다. 리더십이란 리더로서 갖추어야 할 지도력을 말하지요. 리더십이 좋은 사람은 어떤 일이든 성공적으로 이뤄 낼 확률이 높습니다. 리더십을 기르기 위해서는 무엇이 필요할까요?

첫째, 너그럽게 이해하는 관용의 마음을 가져야 합니다.

둘째, 양보하고 배려하는 마음을 가져야 합니다.

셋째, 풍부한 상식과 유머를 가져야 합니다.

넷째, 위기를 극복할 수 있는 대처 능력을 길러야 합니다.

다섯째, 조직을 장악할 수 있는 능력과 담대한 마음을 가져야 합니다.

여섯째, 협상에서 밀리지 않는 논리력을 길러야 합니다.

영국 최초의 여성 총리인 동시에 3번 연임한 마거릿 대처는 리더십이 탁월했습니다. 강력한 카리스마와 통찰력을 갖췄을 뿐 아니라 공과 사를 분명히 하고 자신에게 매우 엄격했습니다. 이렇듯 리더가 되기에 충분한 요건을 갖추고 있었기에 성공한 여성 총리가 될 수 있었던 것입니다.

오늘날 리더십은 특정인에게 요구되는 능력이 아닙니다. 누구나 갖춰야 할 마인드 키워드이지요.

 **공사 구분은 확실하게,
자신에게는 엄격하게**

대처는 옥스퍼드 대학 서머빌 칼리지를 졸업하고, 1953년 변호사

자격을 취득하였습니다. 그리고 1959년 보수당 소속으로 하원의원에 당선되었습니다. 1961년부터 1964년까지 연금 국민보험부 장관을, 1970년부터 1974년까지 교육 과학부장관을 역임했습니다.

그리고 1975년 영국 최초의 보수당 당수가 되었지요. 1979년 노동당의 제임스 캘러헌 내각이 의회에서 불신임을 당하고 해산한 직후, 총선거에서 보수당이 승리함으로써 영국 최초의 여성 총리가 되었습니다.

대처는 강한 남자보다도 더 카리스마가 넘치는 여성이었습니다. 그녀가 집권한 후 긴축 재정을 실시할 때의 일입니다. 영국 경제가 힘든 상황에 놓인 원인이 고질적인 노조 문제라고 보고 이를 개혁하려고 하자, 많은 사람들이 반대했습니다.

역대 총리 중 그 누구도 해내지 못했을 만큼 힘든 일이라는 것이 반대 이유였습니다. 반대 의견을 듣고 나서 주위를 둘러본 뒤 그녀는 단호하게 말했습니다.

"지금까진 하지 못했지만 그래서 더더욱 지금 해야 합니다. 이것이 나의 생각입니다."

그녀의 당찬 말에 그 누구도 더 이상 이의를 제기하지 못했습니다. 그녀는 반대파들을 굴복시키고 골칫거리였던 노조를 와해시키는 데 성공하며 침체되었던 경제를 부흥시켰습니다.

그녀의 카리스마를 보여 주는 또 다른 예가 있습니다. 1982년

마거릿 대처

아르헨티나와 벌인 포틀랜드 전쟁 때의 일이지요. 당시 아르헨티나는 영국령 포틀랜드가 자국의 영토임을 주장하며 도전장을 내밀었습니다.

"아르헨티나가 우리에게 도전을 했습니다. 우리의 강력한 힘을 보여 줘야 합니다. 시금 즉시 공격을 단행히 십시오."

대처는 한 치의 망설임도 없이 공격 명령을 내렸습니다. 아르헨티나 따위 안중에 없다는 식이었습니다.

그녀의 예상대로 전쟁은 아주 싱겁게 끝나고 말았지요. 기세등등했던 아르헨티나가 꼬리를 내리고 항복한 것입니다. 이 전쟁으로 인해 대처는 국민에게 절대적 지지를 받았습니다. 대외적으로는 영국의 강한 힘을 전 세계에 알린 강력한 정치가로 부각되었지요.

그녀는 국가 예산을 좀먹는 공공기관에 대해 과감하게 사유화를 시도하고, 교육·의료 등 공공분야에 대한 국고 지원을 대폭 삭감하는 등 획기적인 정책을 실시하였습니다.

이렇듯 과감한 개혁으로 고질적인 문제를 해결하며, 대처는 '철의 여인'이라는 별칭을 얻었습니다. 영국 경제를 정상화시키고 정치 역량을 한껏 끌어올리며, 세계적인 지도자로서 영국 정치사에 길이 남는 정치가가 되었지요.

한편 그녀는 총리라는 막중한 직무를 수행하면서도 손수 남편의 밥상을 차려 주고, 총리 관저에 직원을 두지 않는 등 검소하고 소박하게 생활했습니다. 공과 사를 분명히 하고 자신에게 매우 엄격했던 만큼 사생활도 철저하고 빈틈이 없었습니다. 이러한 내면적인 요건이 그녀를 최고의 총리로 만든 것입니다.

## 매사에 성실한 자세, 뛰어난 지구력과 열정

재능이 뛰어나고, 실력이 탁월한 사람도 성실한 사람을 이기지 못합니다. 노력을 이기는 재능이 없으니까요. 성실함 없이 남보다 나은 삶을 살려고 한다면, 이는 삶에 대한 모독입니다. 노력하지 않는데 어떻게 남보다 나은 결과를 기대할 수 있겠어요?

사실 대처도 학창 시절엔 공부를 썩 잘하지 못했다고 합니다. 하지만 그녀는 꾸준히 복습을 하는 등 성실한 공부법으로 옥스퍼드 대학에 들어갔지요.

그녀는 이러한 성실함을 평생 동안 견지했습니다. 성실한 자세와 마인드는 꿈을 이루는 필수 요소라 할 것입니다.

성실한 자세를 기르기 위해서는 어떻게 해야 할까요?

첫째, 헛된 망상을 버려야 합니다. 헛된 망상이 성실성을 빼앗아 버리니까요.

마거릿 대처

둘째, 계획을 세우고 그에 따라 행동하는 것을 습관화해야 합니다. 성실성도 습관에서 오지요.

셋째, 무엇이든 단숨에 결과를 얻으려고 하지 말아야 합니다. 단숨에 얻어진 결과물치고 반듯한 것이 없답니다.

대처는 매사에 성실한 자세를 갖고 꾸준히 노력했습니다. 어느 것 하나라도 허투루 하지 않았습니다. 완벽하지 않으면 몇 번이고 다시 했지요. 이런 성실성이 최고의 총리가 되는 바탕이 되었던 것입니다.

성공적인 삶을 살았거나 살고 있는 사람들의 가장 대표적인 성공 요건은 성실성입니다. 자신이 원하는 것을 얻기 위해서는 매사에 성실하게 임하는 것이 매우 중요합니다. 성실을 이기는 것은 어디에도 없으니까요.

# 마거릿 대처의 씽크 포인트

 리더십이 뛰어나고 강력한 카리스마와 장악력을
지녔습니다.

 공과 사를 분명히 하고 자신에게 매우 엄격했습니다.

 매사에 성실한 자세로 임하는 지구력과 열정이
뛰어났습니다.

**Dreams
come true!**

# 무한한 상상력의 질주본능
# 최대의 베스트셀러를 낳다

**조앤 K. 롤링** Joan K. Rowling, 1965~

✳

세계 최고의 판타지 작가.
《해리포터》 시리즈로 판타지 문학의 역사를 새로 씀.
2010년 한스 크리스티안 안데르센문학상 수상.
2009년 레종 도뇌르 슈발리에 훈장 수훈.

──────── 《해리포터》 시리즈로 판타지 문학의 역사를 새로 쓴 조앤 K. 롤링은 어린 시절부터 상상하기를 즐겼습니다.

다섯 살 때부터 여동생에게 자신이 꾸민 이야기를 즐겨 들려주었고, 여섯 살 때 래빗이라는 토끼를 주인공으로 이야기를 썼으며 사춘기 때는 친구들에게 자신이 쓴 이야기를 들려주는 등 남다른 상상력을 자랑했지요.

대학을 졸업한 후 포르투갈에서 영어를 가르치던 그녀는, 포르투갈 TV 방송국 기자와 사랑에 빠져 결혼했지만, 3년 만에 이혼하고 딸과 함께 영국으로 돌아왔습니다. 그리고 단칸방을 구해 정부가 주는 생활보조금으로 근근이 생활하며 어릴 적 꿈이었던 동화 쓰기를 시작했습니다.

마땅히 글 쓸 공간이 없어 동네 카페에서 글을 썼지요. 글쓰기를 하는 데는 최악의 조건이었습니다. 하지만 동생의 격려에 힘입어 열심히 썼습니다.

마침내 완성된 원고를 출판사에 보냈으나 원고를 받아 주는 곳이 한 군데도 없었습니다. 하지만 포기하지 않고 꾸준히 출판사의 문을 두드린 끝에 1996년 블룸스베리 출판사와 계약했고, 《해리포터》 시리즈를 출간했습니다.

《해리포터》 시리즈는 전 세계에 4억 부가 팔려 나가 그녀는 억만장자가 되었습니다. 판타지 문학의 거장 조앤 롤링은 상상력과 하면 된다는 신념으로 꿈을 이룬 불세출의 작가입니다.

## 상상하고 또 상상하는
## 풍부한 상상력을 지니다

상상력이 어느 때보다 요구되는 시대입니다. 우리가 흔히 사용하고 있는 물건들 중에는 상상력으로 만들어진 것들이 많습니다. 상상력은 무한한 자기 세계이지만, 그것을 잘 활용하면 모두에게 유용한 무언가를 만들어 낼 수 있습니다. 무수한 발명품부터

조앤 K. 롤링

새로운 디자인의 옷, 새로운 메뉴, 기존의 가치를 뛰어넘는 작품, 이 모든 것은 상상력의 산물입니다.

이러한 상상력은 선천적으로 타고나지만, 노력에 의해 길러지기도 합니다. 상상력을 기르는 방법에는 여러 가지가 있습니다.

첫째, 독서는 필수입니다. 책을 읽거나 잡지를 읽거나 신문을 읽을 때 주요 부분은 반드시 밑줄을 그으세요. 그리고 주제별로 나눠 스크랩을 하기 바랍니다.

둘째, 공상을 즐겨야 합니다. 자신이 보았던 영화와 소설 중 특별히 와 닿는 장면이나 대목을 떠올려 상상해 보세요.

셋째, 아이쇼핑을 즐기세요. 물건들을 구경하다 특별한 것에 주목하면 생각지 못한 상상력이 발동할 것입니다.

넷째, 관찰력을 길러야 합니다. 사물을 볼 때 자세히 살피고 특징을 메모하기 바랍니다.

이 네 가지를 습관으로 만들어 꾸준히 반복하면 상상력이 길러지는 것을 느낄 수 있을 것입니다. 작가들의 경우 상상력을 이끌어 내는 자기만의 방법이 있습니다. 책을 쓰는 작가뿐 아니라 창의적인 일을 하는 사람들은 저마다의 상상력 활용법이 있기 마련이랍니다.

조앤 K. 롤링은 어린 시절부터 무한 상상을 즐겼습니다. 그리고 그것을 이야기로 꾸며 동생이나 친구들에게 들려주는 것을 좋아했지요. 그러면 동생노 진수도 감동하곤 했습니다.

이처럼 롤링은 늘 새로운 상상력으로 스스로를 단련시켜 왔던 것입니다. 그리고 그 상상력은 훗날 그녀가 판타지 문학을 쓰는 무형의 자산이 되었습니다.

그렇습니다. 새로운 가치는 상상력에서 옵니다. 상상하세요. 늘 상상을 즐기기 바랍니다.

## 무한한 상상력의 질주 본능

롤링의 부모님은 어린 시절부터 딸의 상상력을 길러 주기 위해 책을 많이 읽어 주었다고 합니다.

"집 안이 온통 책으로 덮여 있었고, 부모님은 번갈아 가며 나에게 책을 읽어 주셨지요."

롤링은 자신의 어린 시절에 대해 이렇게 말했습니다. 그녀의 상상력은 타고난 데도 있지만, 그녀의 부모에 의해 길러졌다는 것을 알 수 있습니다.

또한 롤링은 이야기하는 것을 좋아했습니다. 롤링은 다섯 살 때 두 살 아래 여동생에게 환상적인 동물들과 신비스런 장소들을

조앤 K. 롤링

지어 가며 이야기를 해주었지요. 그것도 구성력과 짜임새 있는 스토리로 말이지요.

그리고 그녀는 여섯 살 때 래빗이라는 토끼에 관한 이야기를 썼습니다. 이후 몇 년 동안 토끼에 관한 이야기를 열정적으로 쓰곤 했지요.

사춘기에 들어서는 친구들에게 자신이 꾸민 이야기를 들려주었습니다.

"점심시간 때 친구들을 모아 놓고 이야기를 들려주곤 했지요. 그리고 이야기 속에서 영웅적이고 신나는 모험을 즐기곤 했어요."

그녀는 대학을 마치고 비서로 취직했습니다. 그러나 얼마 뒤 해고당하고 말았지요. 그 이유는 그녀가 무슨 일을 하든 늘 무언가를 쓰고 있었기 때문입니다. 이러한 그녀의 행동이 상사에게 곱게 보일 리가 없었겠지요.

그 후 그녀는 맨체스터에 있는 상공회의소에서 근무를 하게 되었습니다. 그리고 운명 같은 일이 찾아왔지요. 퇴근 후 집으로 가는 길에 기차가 갑자기 멈추어 섰고, 그때 불현듯 해리 포터에 대한 아이디어가 떠올랐던 것입니다. 그리고 그것은 아주 구체적인 얼개로 짜여져 갔습니다.

그러나 그녀에게 아픔이 찾아왔습니다. 어머니가 돌아가신 겁니다. 어머니의 죽음은 그녀에게 큰 충격으로 다가왔지요. 그리고 일자리마저 잃고 말았습니다. 그녀는 새로운 일자리를 찾아 포르투간로 갔습니다. 그곳에서 영어를 가르치며 해리 포터 이야기를 구체적으로 구상했습니다.

이 무렵 그녀는 포르투갈 TV 방송국 기자와 사랑에 빠져 결혼을 했으나, 남편과 이혼하고 딸과 같이 영국으로 돌아왔습니다. 그리고 단칸방을 구해 정부가 주는 생활보조금으로 근근이 생활하며 글을 쓰기 시작했습니다.

마땅히 글 쓸 공간이 없어 동네 카페에서 글을 썼지요. 최악의 조건이었습니다. 하지만 그녀는 동생의 격려에 힘입어 열심히 썼습니다. 그리고 마침내 《해리 포터 마법사의 돌》이 완성되었지요.

그녀는 완성된 원고를 출판사에 보냈으나 원고를 받아 주는 곳이 한 군데도 없었습니다. 그러나 그녀는 실망하지 않았습니다. 뜻이 있는 곳에 길이 있듯, 꾸준히 타진한 끝에 1996년 블룸스베리 출판사와 2천 파운드를 받고 계약을 하였습니다.

그 후 얼마 지나지 않아 입소문이 퍼져 전 세계 출판사로부터 문의가 쇄도하기 시작했습니다. 그리고 마침내 책이 출판되었지요. 책은 날개 돋친 듯이 팔렸고 《해리 포터》 시리즈 6권 모두 대히트를 기록했습니다.

그녀는 10억 달러가 넘는 어마어마한 부자가 되었으며 세계적 명사가 되었습니다. 그리고 지금은 의사와 결혼하여 행복한 삶을

조앤 K. 롤링

살고 있습니다.

어려움 속에서도 자신의 상상력을 살려 최고의 베스트셀러 작가가 된 롤링. 오늘의 그녀를 만든 건, 어린 시절부터 길러온 무한한 상상력의 힘이었습니다.

## 새로움을 추구할 줄 아는
## 능동적인 마인드

능력이 있다고 믿건 그렇지 않건 사람들이 흔히 하는 어리석은 짓은, 해보지도 않고 안 된다고 판단하여 아예 시도조차 하지 않는 것입니다. 이와 같은 어처구니없는 일을 하면서도 부끄러운 줄도 모르지요.

왜 자신을 그처럼 하찮은 사람으로 폄하시키려 하는지 참으로 어리석은 일이 아닐 수 없습니다. 자신이 스스로를 깎아내리면 남도 얕잡아 본답니다. 물론 겉으로야 "그래, 그렇겠구나." 하겠지만 뒤로는 우습게 여기지요.

상상력은 무한한 무형의 자산이라고 앞에서 말했듯이, 남들이 하지 못하는 참신한 무언가를 상상해 내는 능력이야말로 인생을 바꾸어 줄 경쟁력입니다. 아이디어 하나가 세상을 바꾸고, 사회의 흐름을 주도하니까요.

떠오른 아이디어를 더 이상 머릿속에 묵혀 두어서는 안 됩니다. 끄집어 내야 합니다. 끄집어 내지 않는 아이디어는 없는 것이나 다름없으니까요.

만일 롤링이 비참한 현실에 떠밀려 해보지도 않고 안 된다고 판단하고 포기했다면, 그래서 보통 사람처럼 살았다면 오늘과 같은 영광스러움은 없었을 것입니다.

그녀는 글 쓸 공간이 없어 동네 카페에서 글을 쓸 만큼 가난했지만, 눈총을 받고 시련을 겪으면서도 자신의 주특기인 상상력을 즐긴 끝에, 엄청난 결과를 낳고 세계 최고의 베스트셀러 작가가 되었습니다.

이를 좀 더 구체적으로 말하면, 새로움의 가치를 추구할 줄 아는 능동적인 마인드를 지니고 최선을 다했기 때문에 최고가 될 수 있었던 것입니다.

그렇습니다. 모든 성공 뒤엔 피나는 노력이 있고, 그에 버금가는 상상력이 있습니다. 그 상상력이 원천이 되어 성공에 이르는 것입니다.

상상하세요. 그리고 상상한 것을 활짝 펼쳐 보기 바랍니다.

조앤 K. 롤링

# 조앤 K. 롤링의 **씽크 포인트**

✦

**1** 어린 시절부터 무한한 상상놀이를 통해 상상력을 길렀습니다.

**2** 가난한 현실이 아무리 고통스러워도 꿈을 포기하지 않았습니다.

**3** 상상한 것을 마음속에만 묵혀 두지 않고 밖으로 끌어내 적극 시도하였으며, 새로움을 추구할 줄 아는 능동적인 마인드를 가졌습니다.

Dreams
come true!

# 프리마돈나, 그 찬란한 열정

**체칠리아 바르톨리** Cecilia Bartoli, 1966~

\*

이탈리아 태생의 성악가. 산타체칠리아 국립음악원 졸업.
1993년 독일 비평가협회상, 1994년 국제클래식음악상 최고 여자성악가 부문 수상.

─────────── 오페라계의 선도적인 프리마돈나인 메조소프라
노 체칠리아 바르톨리는 이탈리아에서 태어나 어린 시절부터 노
래에 두각을 보였습니다. 성악가인 부모님의 영향 때문이었지요.

　그녀의 어머니는 어린 딸에게 노래를 가르쳤고, 그녀는 아홉
살 때 오페라 〈토스카〉에서 목동 역을 맡으며 오페라 무대와 처
음 인연을 맺었습니다. 그 후 성악의 산실인 로마의 산타체칠리
아 국립음악원에 진학해 체계적으로 수업을 받았습니다.

　그녀는 19세 되던 1985년, 바리톤 레오 누치와 함께 텔레비전
쇼에 출연해 노래를 부른 것을 계기로 활동을 시작했습니다. 방

송 후 유럽 굴지의 오페라단에서 오디션 없이 그녀를 받아들이겠다는 제안이 쏟아져 들어온 것입니다.

그녀가 급부상한 것은 1989년 '마리아 칼라스 추모 음악제'에 출연하면서부터입니다. 파리 오페라극장에서 열린 추모제에서 바르톨리는 로시니와 모차르트의 아리아를 불러 기립박수를 받았습니다.

이후 그녀가 출연하는 공연은 모두 매진을 기록했고, 내놓는 음반마다 베스트셀러를 기록했습니다. 명실상부 세계 최고의 성악가가 된 것입니다.

 ## 가장 잘하는 것에 '올인' 하여 목표를 정하다

자신의 길을 선택할 때 최우선적으로 생각해야 할 것은, 자신이 가장 잘하는 것이어야 한다는 것입니다. 잘하는 것은 재미가 있을 뿐더러 싫증도 잘 나지 않아 힘들어도 끝까지 하게 되니까요. 그런데 우리 주변에는 자신과 맞지 않는 일을 하고 있는 사람이 의외로 많습니다. 왜 그런 것일까요?

우선, 환경 여건이 맞지 않은 경우입니다. 자신이 하고 싶은 일이 돈이 많이 드는데 가진 것이 없다면 그 일은 할 수 없습니다.

체칠리아 바르톨리

둘째, 남의 떡이 커 보여 자신과 맞지도 않은 일을 하는 경우입니다. 남 보기에 그럴 듯하다고 해서 선택하는 것만큼 위험한 발상은 없습니다. 곧 후회할 수밖에 없지요.

셋째, 쉽게 돈 버는 일에만 마음을 둔 경우입니다. 아무리 돈되는 일이라 해도 적성과 맞지 않으면 실패할 확률이 높습니다.

넷째, 부모의 강요에 의해 어쩔 수 없이 하게 된 경우입니다. 이 또한 평생 불만족스러워하며 살 가능성이 높습니다.

체칠리아 바르톨리가 세계 오페라계의 주역이 된 것은 자신이 가장 잘할 수 있는 일을 꿈으로 선택했기 때문입니다. 노래를 부르는 것에 매진함으로써 재능을 맘껏 펼칠 수 있었지요. 체칠리아 바르톨리가 그랬듯이 자신의 소중한 삶을 위해서라도 심사숙고해서 내가 가장 잘하는 일을 찾고, 거기에 '올인' 해야 합니다.

 ## 찬란한 열정이 꿈을 꽃피우다

21세기 세계 최고의 메조소프라노 체칠리아 바르톨리는 이탈리아 로마에서 태어났습니다. 그녀의 부모는 로마 오페라 합창단원이었지요. 그런 연유로 바르톨리는 어린 시절부터 자연스럽게 음악을 접하게 되었습니다.

어느 날 그녀의 어머니는 어린 바르톨리가 부르는 노래를 듣고는 감동한 목소리로 말했습니다.

"바르톨리, 네 목소리가 너무 좋구나."

"정말요?"

"그래."

"고마워요, 엄마."

"바르톨리, 오늘부터 노래 공부를 해야겠어. 잘할 수 있겠지?"

"네, 엄마. 열심히 할게요."

그녀는 어머니에게 성악가로서 갖춰야 할 기본적인 것들을 배웠고, 노래는 곧 그녀에게 꿈이 되었습니다. 바르톨리의 꿈은 바로 세계 최고의 오페라 가수가 되는 것이었습니다. 그녀는 그 꿈을 이루기 위해 희망이란 엔진을 장착하고 차근차근 실행해 나갔습니다.

하루도 쉬지 않고 노래를 불렀습니다. 노래를 하지 않으면 견딜 수 없었으니까요. 또한 노래를 쉬면 그만큼 뒤처지는 것이라 여겼습니다. 꾸준한 노력으로 그녀의 목소리는 한층 깊어졌고 듣는 이들의 가슴을 울렸습니다.

참고 기다리는 사람에게 희망은 찾아오는 법입니다. 19세 때인 1985년, 그녀는 바리톤 레오 누치와 함께 텔레비전 쇼에 출연하게 되었습니다. 그녀에겐 더없이 좋은 기회였지요. 혼신을 다해 노래를 불렀고, 혼이 담긴 노래는 많은 사람에게 감동을 주었

체칠리아 바르톨리

습니다.

그로 인해 그녀는 오페라 가수로서의 충분한 가능성을 인정받게 되었습니다. 헤르베르트 폰 카라얀, 다니엘 바렌보임 같은 세계적인 지휘자에게도 주목을 받았지요. 이제 그녀는 세계 최고의 오페라 무대에서 노래를 부르는 가수가 되었습니다.

그녀는 로시니가 작곡한 〈세비야의 이발사〉의 로지나, 로시니의 〈라 체네렌톨라〉의 체네렌톨라, 모차르트가 작곡한 〈피가로의 결혼〉의 케루비노, 모차르트의 〈여자는 다 그래〉의 도라벨라 역 등을 맡아 열연했습니다.

바르톨리가 다른 메조소프라노와 다른 점은 세 옥타브 반을 오르내리는 음역으로 소프라노의 배역까지 너끈히 소화한다는 것입니다. 그녀는 〈피가로의 결혼〉, 〈돈 조반니〉, 〈여자는 다 그래〉 등의 모차르트 오페라에서 메조소프라노와 소프라노 배역을 모두 맡아 자신의 실력을 유감없이 보여 주었습니다.

## 철저한 자기 관리로
## 스스로의 가치를 높이다

여기서 한 가지 주목할 것은 바르톨리는 노래만 잘한 것이 아니라는 것입니다. 매 시즌마다 출연 횟수를 제한하여 자신을 관리하였습니다. 즉 자신의 가치를 스스로 높일 줄 알았던 것입니다. 이 일은 그녀를 자기 관리에도 뛰어난 가수로 정평이 나게 했습니다.

바르톨리가 세계적인 오페라 가수로 성공할 수 있었던 것은 타고난 재능과 끊임없는 노력에 더해 스스로를 잘 관리하며 자신의 진가를 높일 줄 알았기 때문입니다.

우리 한 사람 한 사람은 모두가 소중한 존재입니다. 그런데 자신을 함부로 여기는 사람이 의외로 많습니다. "내 주제에 어떻게 그런 걸 할 수 있겠어", "내가 생각해도 나는 너무 한심해"라고 말하며 스스로를 비하합니다.

내가 나를 존중하고 소중하게 여겨야 존귀한 사람이 됩니다. 스스로를 깎아내리면 하찮고 보잘것없는 사람이 되고요. 그렇게 되는 이유는 다음과 같습니다.

자신을 소중히 여기는 사람은 어떤 일을 하든 최선을 다합니다. 아주 작은 일도 소홀히 하지 않습니다. 그래야 자신이 잘된다고 믿기 때문입니다. 이런 믿음이 스스로 잘되게 하는 것입니다.

반면에 자신을 하찮게 여기는 사람은 어떤 일을 하든 대충대충 하는 경향이 많습니다. 그리고 매사에 신중하지 못하지요. 이렇게 자신을 함부로 대하니 잘될 까닭이 없지요.

내 일에서 성공하고 싶다면, 내 인생을 잘살고 싶다면 체칠리아 바르톨리가 그랬듯이 자신을 소중히 여기고 스스로를 높이며

체칠리아 바르톨리

살아야 합니다. 여기서 단 한 가지 주의할 것은 이는 어디까지나 자신 내면과의 이야기라는 사실입니다.

# 체칠리아 바르톨리의 **씽크 포인트**

◆

---

**1** 타고난 재능에 더해 노력을 아끼지 않는 찬란한

열정을 지녔습니다.

---

---

**2** 철저한 자기 관리로 자신의 진가와 가치를 한껏

높였습니다.

---

---

**3** 자기 자신을 사랑하고 소중히 여기는 긍정적인

마인드를 가졌습니다.

---

---

# 10대를 위한 꿈의 멘토 26인

**인쇄일**  2024년 3월 27일
**발행일**  2024년 4월  5일

**지은이**  김옥림
**펴낸이**  김순일
**펴낸곳**  미래문화사
**신고번호**  제2014-000151호
**신고일자**  1976년 10월 19일
**주소**  경기도 고양시 덕양구 삼송로 222, 현대헤리엇 업무시설동(101동) 301호
**전화**  02-715-4507 / 713-6647
**팩스**  02-713-4805
**이메일**  mirae715@hanmail.net
**홈페이지**  www.miraepub.co.kr
**블로그**  blog.naver.com/miraepub

ISBN 978-89-7299-567-8  (03190)